マウスの使い方

●マウスの持ち方　　右手でマウスを覆うように持ち、人差し指を左ボタンの上に，中指を右ボタンの上にそっと置き，マウスを包み込むようにして握る．マウスを机上で動かすことにより，ディスプレイ画面上に現れたマウスポインタと呼ばれるものを動かし，適宜ボタンを押す．マウスが机上の端に行き，動かせなくなったときには，マウスを持ち上げて元の場所に戻す．

●マウスの操作

ポイント	クリック	右クリック
特定の項目に，マウスポインタを合わせる	ポイントした後，マウスの左ボタンをカチッと1回押す	ポイントした後，マウスの右ボタンをカチッと1回押す

ダブルクリック	ドラッグ＆ドロップ

ポイントした後，マウスの左ボタンをカチカチッとすばやく2回押す	ポイントした後，マウスの左ボタンを押したままマウスを動かし，目的の位置でボタンを離す

●マウスポインタの形

形	説明
▷	標準のマウスポインタ
I	クリックした場所に文字や数字を入力できる状態
↕ ↔	ウィンドウを上下左右に拡大・縮小できる状態
↗ ↘	ウィンドウを斜め方向に拡大・縮小できる状態
○	現在作業中（操作できない）
○▷	現在作業中（操作できる）
▷?	クリックした場所の説明を表示できる状態
✛	ウィンドウをドラッグして移動できる状態

学生のための情報リテラシー

Office 2021・Microsoft 365対応

若山芳三郎 著

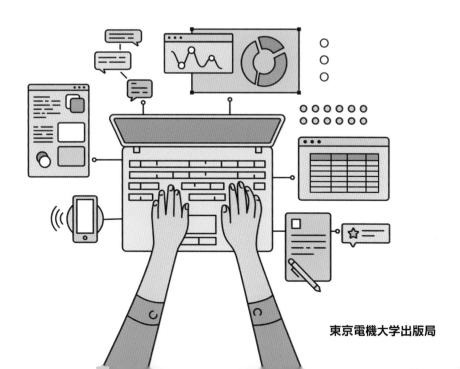

東京電機大学出版局

まえがき

　リテラシーとは，「読み，書き」という誰でも持っている基本的な能力を意味する言葉である．情報リテラシーとは，「読み，書き」という誰でも持っている基本的な能力と同じように，パソコンによる情報処理能力を持つということである．

　現在，インターネットをはじめ，IT（Information Technology）すなわち情報技術が，社会のあらゆる分野に浸透している．

　このような社会において，パソコンの利用方法を学び，情報処理の技術を持たないと，必要な情報が得られない，就職活動にも影響するなど，大きな不利益を被ることになる．すなわちデジタルデバイド（情報格差）を生じることになる．

　すでにパソコン・タブレット端末・スマートフォンを所有し，インターネットを使い，電子メール・ツイッターなどで情報のやりとりをしている学生諸君も多いと思う．しかし，それだけにとどまらず，情報処理技術について系統的に学習することは大切である．

　本書は，大学や専門学校を卒業し，社会に出て仕事に携わるときに必要なパソコンによる情報処理技術についてまとめたもので，Microsoft Office を中心として，次の項目から構成されている．

  1．情報化社会と情報リテラシー
  2．パソコンの構成とソフトウェア
  3．パソコンの基本操作
  4．Word による文書の作成
  5．Excel による計算表とグラフの作成
  6．PowerPoint によるプレゼンテーション資料の作成
  7．Access によるデータベース
  8．インターネットの利用

　これだけマスターすれば，パソコンを使ってひととおりの情報処理はできると思う．しかし紙数に限りがあるため，個々の項目については割愛した部分も多い．これについては他書で学習し，パソコンを使いこなせるようになっていただきたい．

　本書は，大学や専門学校における情報リテラシーのテキストとして作成したものであるが，情報リテラシーの独習書としても使えるように配慮した．本書により情報リテラシーについて学習し，パソコンを使いこなし，仕事に役立てていただきたい．

　本書の編集の労を執っていただいた坂元真理さんに心から感謝の意を表したい．

2022 年 10 月

著者しるす

目　次

CHAPTER 4

Word による文書の作成 ……………………………………… 19

CHAPTER 5

Excel による計算表とグラフの作成 ……………………… 51

CHAPTER 7

Access によるデータベース ………………………………… 129

本書に掲載した例題と演習問題のデータは，ウェブページからダウンロードできます．
東京電機大学出版局ウェブページ　　https://www.tdupress.jp/
［トップページ］→［ダウンロード］→［学生のための情報リテラシー Office 2021・Microsoft 365 対応］

CHAPTER 1
情報化社会と情報リテラシー

MS-Office による情報リテラシーについて学ぶ前に，工業化社会から情報化社会へ，さらにネット社会への発展，情報化社会の特徴と問題点および情報リテラシーについて学ぶ.

1・1 工業化社会から情報化社会へ

　18 世紀に始まった産業革命は，それまでの農業社会から工業化社会へと，大きく社会を変えた. 農業生産と小規模の工業生産を中心とした社会から，蒸気機関などの新しいエネルギーを使った生産設備から生み出される大量の工業製品と大量消費の社会へと発展していった.

　工業化社会が成熟するとともに，大量生産に伴うエネルギー消費の増大と，地球の温暖化や環境汚染などの深刻な公害の発生をもたらした. さらに，効率重視に伴う均一化が進められるようになった.

　1940 年代に誕生したコンピュータは，電子技術の進歩とともに，高性能化と低価格化が急速に進み，社会の隅々まで浸透した. そして，1980 年代には，社会のシステムがコンピュータを中心として動く情報化社会が出現した. **IT**（Information Technology）すなわち**情報技術**を使うことにより，大きく社会が変わってきたのである.

　情報化社会は，情報処理をコンピュータにより行う社会である. コンピュータを使わなくても情報処理は可能であるが，コンピュータを使うことにより，情報処理の多様性，正確性，高速性が飛躍的に高まった. 例えば，列車の座席予約にしても，コンピュータがなくても十分行えるが，コンピュータの高度の情報処理能力を活用することにより，その正確性と効率性が高まったのである. さらに，ほとんどのコンピュータがネットワークで結ばれた**ネットワーク社会**では，次のことが可能となった.

❶ 大量の情報の蓄積・検索が容易になる. 大量のデータベースから，ネットワークを通して容易に検索できる.

❷ 情報の発信・伝達が容易になる. インターネットのホームページを通して，誰でも簡単に，不特定多数の人たちに情報を発信できるようになり，電子メールなどにより情報の交換が容易になる. 電子会議などもできるようになった.

❸ 文字・音声・静止画・動画などの**マルチメディア**が容易に取り扱えるようになった. マルチメディアとネットワークが結びつくことにより，カーナビゲーション・電子会議・遠隔医療・遠隔学習などが可能となった.

❹ コンピュータグラフィックス（CG）や**バーチャルリアリティ**の技術発達により，各種のシミュレーションや，疑似体験などが可能となった.

❺ 生産システムにコンピュータを導入することにより，多品種少量生産

Advice 欄にヒントがあるよ！チェックしてね！

Advice

パソコンを使わず，スマートフォンやタブレット端末によりネット社会に参加することもできる.

Advice

マルチメディアは，文字，音声，図形，静止画および動画など，さまざまな形式のデータを一括して取り扱う技術である.

Advice

仮想現実感すなわちバーチャルリアリティ（Virtual Reality, 略して VR）は，CG の技術を使って，現実とはまったく異なる仮想の世界を作り出す技術である.

が可能となり，消費者の需要の多様化に対応できるようになった．

1・2 情報化社会の問題点

　情報化社会は，私たちの生活を豊かにするが，逆に私たちの生活を脅かす一面もある．

■1 情報化社会とプライバシー保護

　コンピュータのネットワーク化が進み，重要な情報を蓄積したファイルがネットワークに接続される．このようになると，ネットワークに接続されたパソコンから，勝手にファイルの内容を盗み見たり，消去したり，改ざんできるようになる．これにより個人のプライバシーが侵害されたり，企業や国家の機密が外部に漏れるなどの被害が発生する．例えば，病院のカルテが改ざんされれば，治療法を間違って患者の生命にもかかわることになる．これらの侵害に対しては，次の対策が必要である．

❶ 個人情報の収集にあたっては，収集目的を明確にし，目的外使用の禁止・個人による情報の確認と修正を行う制度を取り入れる．

❷ 情報の利用者を限定し，利用者を確認するための暗証番号やパスワードを厳重に管理する．

❸ インターネットに接続した企業などのネットワークに，外部から簡単に進入できないような障壁を設ける．これには**ファイアウォール**と呼ばれるソフトが用いられる．

❹ 特に重要な情報を暗号化する．

❺ 一定時間ごとに情報の照会を行い，改ざんされていないことを確認する．

■2 コンピュータ犯罪

　コンピュータに関連した犯罪は，コンピュータの普及とともに年々増加している．次にコンピュータ犯罪の主なものを挙げる．

❶ プログラムを書き換えたり，不正なデータを入力して金銭を詐取するもので，金融機関でしばしば発生する．

❷ インターネット上で商取引を行うサイバーモールなどで，代金を振り込ませ，商品を送らない詐欺行為が発生している．

❸ プログラムやデータの不正入手の問題がある．長い期間と多額の資金を投じて開発したプログラムや収集データもハードディスクなどの媒体に保存されるため，容易にコピーできる．

❹ パソコンの普及と市販ソフトウェアの増加により，ソフトウェアの不正複写が非常に多くなった．このような状況から，1985 年に著作権法が改正され，ソフトウェアも著作物として認められ，著作権法で保護されるようになった．

❺ コンピュータウイルスを作成し，インターネットを通して他人のパソ

Advice

大規模なシステムを破壊するサイバー攻撃なども度々行われるようになった．

コン内のソフトやデータを破壊する悪質な行為が行われている.

コンピュータやインターネットを使用するにあたって, 不正行為をしないことはもちろんであるが, 社会一般の行動規範を守ることが重要である.

③ コンピュータ使用と健康

コンピュータの普及とともに, コンピュータ従事者, 特に**VDT作業**といわれるディスプレイを見ながら作業をする人たちに, 新しい職業病が発生している. これには, キーボード作業に伴う肩こり・目の疲れ・けんしょう炎などの肉体的な障害がある. また, 急速に進む情報化による職場環境の変化や長時間のVDT作業により, **テクノストレス**と呼ばれる精神的なストレスを引き起こすことがある.

Advice

VDT は, Visual
Display Terminal の
略. 視覚表示端末の意
味.

④ 著作権の保護

●**著作権とは**　創造的な活動により作成された著作物や技術的な発明を創作した人に与えられる権利を**知的所有権**という. 知的所有権のうち, 文芸, 学術, 美術, 音楽などに関する権利を**著作権**, 技術的な発明や産業上の標識に関する権利を**工業所有権**という.

著作権には, 公表権や氏名表示権などの**著作者人格権**と, **複製権**, **頒布権**などの**著作財産権**がある. 工業所有権には, 特許権や実用新案権のほかトレードマークを保護する**商標権**などもある.

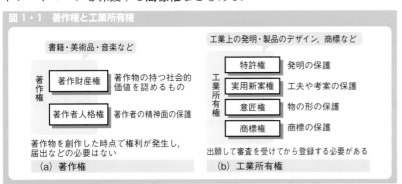

図1・1　著作権と工業所有権

書籍・美術品・音楽など

著作権
- 著作財産権　著作物の持つ社会的価値を認めるもの
- 著作者人格権　著作者の精神面の保護

著作物を創作した時点で権利が発生し, 届出などの必要はない

(a) 著作権

工業上の発明・製品のデザイン, 商標など

工業所有権
- 特許権　発明の保護
- 実用新案権　工夫や考案の保護
- 意匠権　物の形の保護
- 商標権　商標の保護

出願して審査を受けてから登録する必要がある

(b) 工業所有権

●**ソフトウェア所有権**　プログラムなどのソフトウェアは, 著作権法において, 著作物として保護されている. したがって, プログラムを無断で複製することは許されない. 市販のソフトウェアは, 1台のパソコンにのみインストールされるもので, 1本のソフトウェアを原則として複数台のパソコンにインストールすることはできない.

●**著作権の保護**　小説などの個人の著作物の保護期間は, **著者の死後70年**と定められている. 団体などによる著作物の場合 (映画などを含む) は, **公表後70年**と定められている. クラシック音楽など, 著作権が失われた昔の曲であっても, その演奏をインターネットなどで勝手に流すと, 演奏者の**著作隣接権**に違反することになるので注意が必要である. また, インターネット上で容易に得られる画像, 音声, 文章にも著作権が存在す

情報化社会と情報リテラシー

CHAPTER 1

るので勝手に転載することはできない.

　インターネットからダウンロードして得られる**フリーソフト**は，使用するのは無料であるが，著作権は存在するので，誤解のないようにする.

1・3　情報リテラシーとは

　リテラシーという言葉は，「読み，書きの能力」という意味である．情報リテラシーは，「読み，書き」という誰でも持っている基本的な能力と同じように，コンピュータによるデータ処理能力を持つということである．コンピュータによるデータ処理能力には，次のものがある.

1 データ収集能力

　仕事を進めていくとき，いろいろなデータや資料を必要とする．各種のデータベースからデータや資料を探し出したり，インターネットを通して国内や海外からさまざまな情報を集める能力を必要とする.

2 データ加工能力

　データや資料を集めただけでは，これらを効果的に使用できない．目的に合わせて文書・表・グラフに表し，また，計算を行う能力を必要とする．データの加工には次のものがあり，パソコンにより容易にできるようになった.

●**文書の作成**　　パソコンとワープロソフトを使うことにより，文書の作成・修正・保存・印刷などが容易にできる．さらに，文書に写真や図表などを貼り付け，文書を見やすくすることができる.

●**計算表・グラフの作成**　　パソコンにデータを入力し，簡単な操作をするだけで売上表などの計算表を作ることができる．また，データを書き換えると，直ちに計算をし直してくれる再計算機能もある．さらに，計算表をグラフに表すことも容易にできる.

●**データベースの作成**　　収集したデータをある目的に従って整理し，データベースを作成することができる.

●**プレゼンテーション資料の作成**　　現在は，自分の意志や持っている情報をわかりやすく的確に相手に伝えるプレゼンテーションの能力が求められる．このためには，文書・表・グラフ・図・写真・動画などを使ったプレゼンテーション資料の作成が必要である.

3 情報発信能力

　自分の意見や情報を，組織内のネットワークを通して発表したり，インターネットを通して国内や海外に発信する能力が情報発信能力で，パソコンを使って容易にできるようになった.

CHAPTER 2

パソコンの構成とソフトウェア

デ ータの収集・加工などの具体的な技法を学ぶ前に，パソコンの構成およびソフトウェアの概要について学ぶ．

2・1　パソコンの基本構成

1　パソコンの基本構成

　パソコンは，図2・1のように処理装置，入力装置，出力装置および補助記憶装置から構成されている．

　パソコンを外観から見るとデスクトップ型とノート型がある．デスクトップ型は，プロセッサやメインメモリなどから構成される本体，ディスプレイ，プリンタなどが独立しているものである．ノート型は，プリンタ以外の各装置を一体化したものである．

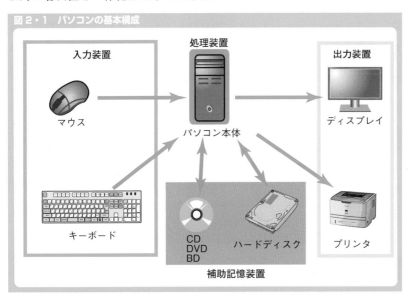

図2・1　パソコンの基本構成

　デスクトップ型はデスクの上に置くもので，やや大きなスペースを必要とする欠点があるが，拡張性に富み，操作しやすく，安価なのが特徴である．**ノート型**はやや高価であるが，スペースを取らず携帯に適するのが特徴である．

2　プロセッサ

　プロセッサは，**CPU**（Central Processing Unit）あるいは**MPU**（Micro Processing Unit）と呼ばれるもので，この中で計算・判断などを行うとともに，パソコンの動作をコントロールする部分である．すなわち，パソコンの頭脳に当たるものである．プロセッサの性能は，ビット数，処理速

Advice
現在ではノート型が主流である．

Advice
タブレットパソコンやノートパソコンのディスプレイ部分を取り外し，タブレット端末として使用できるパソコンもある．

度およびメモリ容量などで表される.

●ビット数　　パソコンの中では，数字や文字を1と0で表す2進数で表現している．2進数の1けたを**1ビット**（bit）という．パソコンの中には，計算を行うための2進数のそろばんのようなものがある．このそろばんのけた数が**ビット数**である．ビット数が大きいほど，大きなデータを取り扱えるようになる．現在のパソコンは，32ビットと64ビットのものがあり，64ビットが主流である．**64ビット**のパソコンでは，0から18,446,744,073,709,551,615までの数値の計算ができる．

●処理速度　　パソコンの処理速度は，**ギガヘルツ**（GHz）で表される．例えば，4GHzでは，1秒間に40億回の速度で命令を処理する．したがって，この数値が大きいほど，パソコンの性能が良いことになる．最近では，数GHzのパソコンが一般的となった．

③ メインメモリ

　メインメモリすなわち**主記憶装置**は，プログラムやデータを記憶しておく装置である．一般にメモリというと，**メインメモリ**を指す．ソフトを起動したり，データを入力すると，いったんメインメモリに記憶される．メインメモリの容量が大きいほど，大きいソフトを扱うことができる．メモリ容量の単位には，**バイト**（byte：B）が用いられる．1バイトは8ビットで，日本語の1文字は基本的には3バイト，漢字によっては4バイトで表される．現在のパソコンのメモリ容量は，4，8，16，32，64GBが主流であるが，パソコンを購入後に増設することもできる．

　メモリの単位はバイトであるが，通常次の単位が用いられる．

1kB（キロバイト）	1,024 B
1MB（メガバイト）	1,024 kB
1GB（ギガバイト）	1,024 MB
1TB（テラバイト）	1,024 GB

④ USBポート

　パソコンとマウスやプリンタなどの周辺機器との接続に使用されるインタフェース規格による接続端子で，パソコンに装備されている．最大127台の周辺機器を接続できる．パソコンの起動中に接続や取り外しができる利点がある．

　データの転送速度が最高12MbpsのUSB 1.1と最高480MbpsのUSB 2.0および最高5GbpsのUSB 3.0があり，現在は**USB 3.0**が主流である．現在ほとんどの周辺機器はUSBポートに接続される．

⑤ 補助記憶装置

　メインメモリに入力したプログラムやデータは，パソコンの電源を切る

と，原則として消去されてしまう．そこで，大切なプログラムやデータは，電源を切る前に退避させておく．このために用いられるのが，補助記憶装置である．これには，**ハードディスク装置**，**CD-ROM装置**，**半導体記憶装置**などがある．

●**ハードディスク装置**　アルミ合金円板の表面に磁性材料を塗布したものを**磁気ディスク**といい，これにソフトウェアやデータを記憶させる．磁気ディスクは駆動する装置と一体となっており，これを**ハードディスク装置**といい，パソコンの最も基本的な補助記憶装置である．磁気ディスクを差し替えることはできない．したがって，ハードディスク装置には，Windowsや Microsoft Officeなどのアプリケーションソフトを記憶しておく．また，入力したデータを記憶しておく．

　ハードディスク装置は，パソコン本体に内蔵されている．ハードディスク装置の記憶容量は，年々大きくなり，現在では，数TBのものが使用されている．また，内蔵のハードディスク装置を増設したり，USBポートを介して外付けのハードディスク装置を付加することができる．

●**CD-ROM装置**　音楽用のCDと同様のCDを記録媒体としたものが**CD-ROM**である．CD-ROMは読み取り専用で，書き込みはできない．広辞苑，百科事典などの記録媒体として使用される．また，ソフトウェアもCD-ROMで提供されることが多い．CD-ROM装置では，音楽用のCDの再生もできる．

　読み取り専用のCD-ROM装置のほか，データを1回だけ書き込みができるCD-Rと，データの書き換えが可能なCD-RWもある．CD-ROM，CD-R，CD-RWにアクセスできる装置が，パソコンに内蔵されている．

●**DVD装置**　**DVD**は，CDを超える大容量の記録媒体で，コンピュータ以外にもAV，放送，通信などの分野におけるメディアとして利用されるようになった．DVDディスクの外観は，CD-ROMと同じで直径12cmである．読み取り専用のDVD-ROMと読み取り・書き込み両用のDVD-R，DVD-RW，DVD-RAMがある．最近では，DVD装置を搭載しているパソコンが一般的である．DVD装置では，DVD-ROM，DVD-R，DVD-RWのほか，CD-ROM，CD-R，CD-RWのデータにアクセスできる．

●**ブルーレイディスク装置**　ブルーレイディスク（Blu-ray Disc，略してBD）は，CDやDVDと同じ大きさ（直径12cm，厚さ1.2mm）の光ディスクである．405ナノメートルの青紫色半導体レーザーと0.1mmのカバー層の光ディスクを使うことで，DVDの5倍以上の記録容量（1層25GB，2層式ディスクの場合は50GB，3層式の場合は100GB）を実現している．BDには1回の書き込みができるBD-R，読み取り・書き込み両用のBD-REおよび，読み取り専用のBD-ROMがある．

　最近では，BDを搭載したパソコンも増えてきた．BD装置でCDおよびDVDの読み書きもできる．

●**半導体記憶装置**　半導体を記憶媒体としたもので，**シリコンディスク**

> **Advice**
>
> 読み書き両用の光磁気ディスク装置（Magneto Optical Disk：略してMOディスク）もあるが，最近では，USBフラッシュメモリの普及により，あまり使用されなくなった．

> **Advice**
>
> 昨今ハードディスク装置を搭載せず，半導体の記憶媒体（Solid State Drive：SSD）を用いたSSDモデルのパソコンもある．

> **Advice**
>
> CD-ROMは，Compact Disc Read Only Memoryの略．

> **Advice**
>
> DVDは，Digital Versatile Discの略．AVは，Audio and Visualの略．

> **Advice**
>
> 3層100GBのBD-REが市販され，4層128GBのものも発表されている．

記憶容量 1 〜 2TB の
USB メモリも発表さ
れている.

SD メモリカードには,
miniSD メモリカード,
microSD メモリカー
ドもある.

ともいう. ハードディスクと同じ機能を持つ. 高速でデータの読み書きが
できる. 半導体メモリであるが, メインメモリには使用できない.

　これには USB フラッシュメモリやメモリカードがある. USB フラッ
シュメモリは, 5 〜 10cm 程度の棒状のメモリで, パソコンの USB ポー
トに直接接続して使用する. 記憶容量は 4 〜 512GB のものが主流で, 手
軽に持ち運びできるので普及してきた.

　メモリカードには, SD メモリカード, コンパクトフラッシュ, スマート
メディア, マルチメディアカード, メモリスティックなどがあり, デジタ
ルカメラ, デジタルビデオカメラ, スマートフォンなどのメモリに使用さ
れる. パソコンでアクセスできるので, パソコンへの写真などの取り込み
ができる.

6 入力装置

　パソコンにデータなどを入力する装置で次のものがある.

●**キーボード**　　文字や数字のキーを一定の配列で並べ, これを軽くたた
くことによりパソコンに文字や数字を入力する装置を**キーボード**
(keyboard) という. キーの配列は JIS X 6002 で定められ, これに独自
の操作機能を持つキーを付加したものが用いられている.

●**マウス**　　**マウス** (mouse) は, 手の平に入る程度の機器で, これを机
などの平面上で動かすと, それと連動してディスプレイ画面上に表示され
ている矢印 (マウスポインタ) が動く. 矢印を任意の位置に移動させ, ボ
タンスイッチを押す (クリック) と, その位置を検出し, 画面上のデータ
を入力することができる. マウスの底面に設けられた発光ダイオードから
光を照射し, 光検出器で反射光を受光しマウスの位置を検出する.

　マウスによりアイコンをクリックすると, 容易にパソコンの操作ができ
るので, パソコンなどの入力装置として用いられる.

タッチパネル方式は,
スマートフォンの操作
と同じである.

●**タッチパネル**　　ディスプレイ上に表示されたタイルやアイコンを指で
タッチしたり, スライドすることにより操作する方式で Windows 8 から
採用された.

●**イメージスキャナ**　　**イメージスキャナ** (image scanner) は, 写真や
図面などを画像として入力する装置である. 写真や図面をパソコンに取り
込んで, ワープロソフトで作成した文書などに貼り付けることができる.
また, 文書を画像として読み取り, これを文字に変換してワープロソフト
で利用することもできる.

7 出力装置

　パソコンで処理したデータなどを肉眼で見えるようにする装置である.

●**ディスプレイ装置**　　パソコンで処理した結果を文字や図形の形で, 液
晶などにより表示する装置を**ディスプレイ装置** (display device) という.

●**プリンタ**　　プリンタ（printer）としては，**インクジェットプリンタ**（ink jet printer）や**レーザープリンタ**（raser printer）などが広く用いられている．

　インクジェットプリンタは，インクを超音波振動子により粒子化してノズルから噴出させ，記録紙に吹きつけ印字する．基本的には3本のノズルを組み合わせ，青緑，赤紫，黄のインクを合成することによりカラーで印字できる．高速で，印字品質も良く，安価なのでパソコン用として広く用いられている．

　プリンタにイメージスキャナ，コピー機，ファックスの機能を付加したオールインワン型のプリンタが一般的である

　レーザープリンタは，文字発生機構により，レーザー光線の文字パターンを作り，これを電子複写機と同じ方法で印刷する．

Advice

6色のインクを使用してよりきれいな色で印刷できるようにしたプリンタが一般的である．

Advice

レーザープリンタは，やや高価なので事務用として使用されている．

2・2　ソフトウェアの概要

1 ハードウェアとソフトウェア

　テレビという電子機器は，スイッチを入れればそれだけでテレビ放送を受信し，ドラマやスポーツ中継などを楽しむことができる．すなわち，テレビというハードウェアだけあればよいわけである．

　しかし，パソコンの場合は，ハードウェアだけではただの電子機器であって，なにもできない．パソコンを使って，計算・グラフ作成・情報検索・文書作成などのデータ処理を行うためには，これらの処理を行うプログラム群であるソフトウェアが必要である．すなわち，ハードウェアとソフトウェアは車の両輪である．

Advice

テレビでも，放送番組というソフトウェアが必要であるが，これは放送局から提供される．

2 ソフトウェアの種類

　パソコンのソフトウェアは大きく分けると基本ソフトとアプリケーションソフトとがある．

●**基本ソフト**　　パソコンを使ってデータ処理を行うとき，各種のソフトウェアやアプリケーションソフトを使用するとともに，さまざまな操作が必要である．この操作をなるべく少なくするとともにパソコンを効率よく使用するために生まれた，パソコンを操作（Operating）するシステム（System）を**オペレーティングシステム**（Operating System，略してOS）という．

　OSは，パソコンによるデータ処理の実行を制御し，パソコンが有効に働くように管理するソフトウェアで，パソコンの基本ソフトと呼ばれるものである．パソコン用のOSには，Windows, macOS, Linuxなどがある．

●**アプリケーションソフト**　　アプリケーションソフトは，いろいろな業務を処理するために開発されたソフトウェアである．これには，特定の業

Advice

スマートフォンなどの携帯機器に使用されるiOSやAndroidなどのOSもある．

務を処理するためのアプリケーションソフトと，一般的な業務を処理するための汎用のアプリケーションソフトとがある．前者には，統計計算，数値計算，各種の設計計算など行う科学技術計算用のソフトウェアや，給与計算，会計計算，在庫管理，販売計画などを行う事務処理用のソフトウェアなどがある．

　後者には，ワープロソフト，表計算ソフト，データベースソフトなどさまざまのものがある．

●オペレーティングシステムの位置づけ　　OS とアプリケーションソフトとの関係を図2・2に示す．

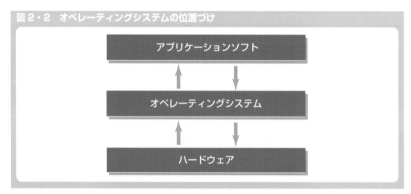

図2・2　オペレーティングシステムの位置づけ

　図に示すように，OS は，アプリケーションソフトとハードウェアの間に介在し，両者の仲立ちをするソフトウェアである．

3 Windows

● Windows とは　　ディスプレイ装置の画面を見ながら，指でタッチしたり，マウスでクリックすることにより，アプリケーションソフトの起動やファイルの操作をできるようにしたオペレーティングシステムの1つが Windows である．Windows は，たびたびバージョンアップが行われている．本書ではマイクロソフト社の Windows 11 を用いる．

● Windows の特徴　　Windows には，次の特徴がある．

❶ マウスとタッチによる操作：Windows のスタート画面にタイル表示されるアプリケーションソフトを指でタッチ，あるいはマウスでクリックすることによりアプリケーションソフトの起動やファイル操作などができる．また，デスクトップに表示されるアイコンと呼ばれる絵記号をタッチあるいはクリックすることにより，ソフトの起動ができる．

❷ アプリケーションソフトの共通性：Windows 対応のアプリケーションソフトは，パソコンの機種に関係なく共通に使用できる．

❸ アプリケーションソフトの操作の統一：Windows 対応のアプリケーションソフトでは，基本操作が統一されているので，1つのアプリケーションソフトで操作法をマスターすれば，他のアプリケーションソフトを初めて使う場合も容易に操作法を覚えることができる．

❹ マルチウィンドウ機能：Windows では，複数のアプリケーションソフ

トを同時に起動し，1つの画面上に表示できる．これをマルチウィンド
ウ機能という．そのためソフトウェア間の切り替えやデータの転送を
すばやく行うことができる．

❺ **画面のデザイン**：画面の背景や各部分の色を自分の好みに合わせて自
由に設定できる．

❻ **各種のアクセサリ**：アクセサリには，文章作成ソフトのメモ帳，ワー
ドパッド，図形作成ソフトのペイントなどがある．したがって，あら
ためてアプリケーションソフトを購入しなくても，ある程度の仕事が
できる．

④ クラウドコンピューティング

●**クラウドコンピューティングとは**　従来のコンピュータ利用は企業や
個人のユーザがコンピュータのハードウェア，ソフトウェア，データなど
を自分自身で保有・管理していたが，クラウドコンピューティングは，イ
ンターネットを介してサーバからこれらの提供を受ける形態のコンピュー
タ利用である．

●**クラウドコンピューティングの利点と問題点**　スマートフォンやパソ
コンなどの異なる端末から同一のサービスを利用できる利便性や，ハード
ウェア，ソフトウェアの管理が不要となる利点がある．その反面，セキュ
リティ上の不安やサービスの急な停止など供給側の都合に左右されやすい
などの問題点もある．

2・3　Microsoft Office

アプリケーションソフトには，ワープロソフト，表計算ソフト，データ
ベースソフトなど各種のものがあり，また，これらのソフト間の連携を持
たせたソフトが用いられる．この代表的なソフトウェアが，Microsoft
Office（以下 Office という）である．Office は，Windows 上で動作する
ソフトウェアである．

本書では，Office 2021 を使用する．Office は，ワープロソフト Word，
表計算ソフト Excel，プレゼンテーションソフト PowerPoint およびデー
タベースソフト Access などから構成されている．

Advice

Office は Apple 社の
Mac 用 OS，macOS
上でも使用できる．

① ワープロソフト――Word

パソコンのキーを打って文書を作成し，文書の修正・追加・削除や体裁
を整えるなどの編集および画像などの取り込みが自由にでき，しかも，作
成した文書をいつまでも記憶・保存でき，必要なときに印刷できるソフト
がワープロソフトである．ワープロソフトにはいろいろなものがあるが，
Microsoft Word（以下 Word という）は，最も多く使われているものである．

Word では，郵便物などの宛名の印刷もできる．

❷ 表計算ソフト——Excel

データと簡単なコマンド（パソコンに与える指令語）を入力するだけで，縦横の集計計算・グラフの作成・データの分類や抽出などの処理ができるアプリケーションソフトが表計算ソフトである．すなわち，集計計算やグラフ作成など互いに関連のあるいろいろの処理が1つのソフトウェアでできる統合型のソフトウェアである．表計算ソフトの代表的なものがMicrosoft Excel（以下 Excel という）である．Excel には，データ表の作成と計算，グラフの作成，図形の作成およびデータベースなどの機能がある．

❸ プレゼンテーションソフト——PowerPoint

研究発表会，各種の説明会など，さまざまな場面で提案・説明・発表，すなわちプレゼンテーションが行われる．プレゼンテーションでは，必要な情報を短時間で的確に相手に伝えることが必要である．このために言葉による説明を支援するために，スライドや OHP など視覚に訴える資料を使用する．このような視覚資料をパソコン上で作成するためのソフトウェアが，プレゼンテーションソフトである．本書では，代表的なプレゼンテーションソフトである Microsoft PowerPoint（以下 PowerPoint という）を使用する．PowerPoint は，プレゼンテーション資料を簡単に作成できるソフトである．

❹ データベースソフト——Access

パソコンでデータ処理を行うとき，ソフトウェアと同じくらい重要なものがデータである．大量のデータを蓄積し整理して，必要に応じてデータの検索や抽出などの処理をコンピュータで行いやすい形にしたものをデータベースという．Excel などの表計算ソフトでもデータベースの機能を持っており，計算表をデータベースとして使うことができる．しかし，これは計算機能が主体であって，データベースの機能はかなり制限されたものになっている．Access では，大規模なデータベースについて高度な処理ができる．

データベースの管理を行うソフトウェアを**データベース管理システム**（DataBase Manegment System：**DBMS**）という．DBMS の代表的なものが Microsoft Access（以下 Access という）である．Access には，テーブルの作成，レコードの処理，複数テーブルの関連付け，フォームの作成およびレポートの作成などの機能がある．

Advice

テーブル，レコード，フォーム，レポートについては 129 ページを参照.

CHAPTER 3

パソコンの基本操作

各種のソフトウェアについて学ぶ前に，キーボードとマウスの操作，Windows11の基本的な操作方法について学ぶ.

3・1 Windows とアプリケーションソフトの起動・終了

　パソコンを使うすべての作業は，Windows を起動し，アプリケーションソフト（以下アプリと略す）を起動することから始まる.

1 Windows の起動

 手　順

❶ パソコンの電源を入れる．しばらくすると，最初の画面が表示される.

❷ Enter キーを押すと，パスワードの入力画面が表示されるので，あらかじめ登録したパスワードを入力する.

❸ 次のような Windows のスタート画面が表示される.

Advice
❷では，他のキーでもよい.

Advice
スタート画面に表示されるものは，パソコンの設定により異なる.

Advice
ウィンドウは，アプリを開いたときに表示されるもので，パソコンの起動時には表示されない.

2 Windows のスタート画面

　Windows のスタート画面の構成は，次のようになっている.

●**デスクトップ**　　作業スペースで，この上にウィンドウやアイコンを並べて作業を行うことができる.

●**ウィンドウ**　　フォルダやアプリが開かれた状態で，複数のアプリを同時に開くことができる.

●**検索ボタン**　　パソコン内で操作メニューやファイルを検索したり，検索ボックスにキーワードを入力して検索を行うことができる.

●**スタートボタン**　　アプリの起動，パソコンの設定，シャットダウンなどができる.

Advice
タッチパネル式のパソコンでは，指でタイルをタッチ（タップ）するなどによりパソコンの操作ができる．タップの使い方は，裏見返しを参照．本書では，タップではなくマウスでクリックして操作することに統一する.

●アイコン　ファイル，アプリ，特定の処理が絵柄で表示され，これをクリックすると，処理が実行できる．

●タスクバー　起動中のアプリや，開かれたフォルダが表示される．また，よく使用するアプリをタスクバーに表示させることもできる．

●通知領域（システムトレイ）　日付や時刻，入力の切り替え，インターネットアクセスなどのメニューが表示されている．

3 アプリケーションソフトの起動

アプリ起動の一例として Word 2021（以下 Word と略す）を起動する．

手　順

❶ パソコンの電源スイッチを入れ，Windows を起動する．

❷［**スタートボタン**］をクリックすると，アプリのタイルが表示される．

❸［**Word 2021**］のタイルをクリックする．

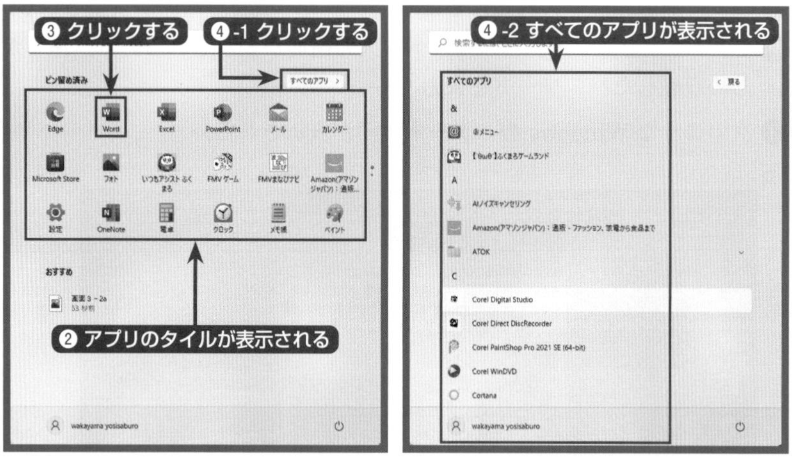

❹ アプリタイルの中に［**Word 2021**］のタイルがない場合は，［**すべてのアプリ**］をクリックすると，すべてのアプリが表示される．

Advice

クリック，ポイントなどのマウス操作は，表見返しの「マウスの使い方」を参照．

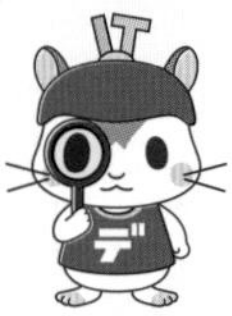

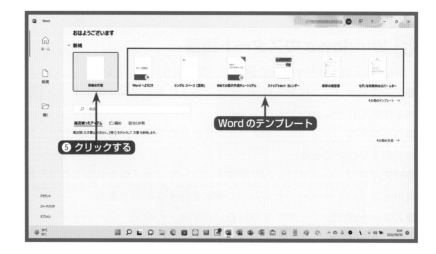

❺ Word のテンプレートが表示されるので，[**白紙の文書**] をクリックすると，Word による文書作成の画面となる.

Advice

❺でテンプレートを選択すると，特定の文書を容易に作成できる.

4 アプリケーションソフトの終了

Word による文書の作成が終わり，Word を終了するときには，一定の手順に従って終了させる. いきなり電源を切ると，作成中の文書だけでなく，ハードディスクなどに入っている大切なファイルを破壊してしまう恐れがある. 次に Word の終了の手順を示す.

❶ [**ファイル**] タブをクリックする.

❷ [**閉じる**] をクリックすると，Word の画面に戻る. 作成した文書が保存されていないときには，次の画面が表示される. このような画面を**ダイアログボックス**という.

1 5

❸ 文書を保存するときには，［**保存(S)**］をクリックすると，作成した文書がファイルに保存される．保存しないときは［**保存しない(N)**］をクリックする．

❹ 画面右上端の閉じるボタン ✕ をクリックすると，Word が終了し，Windows に戻る．

５ **Windows の終了**

❶ ［**スタート**］ボタンをクリックし，［**電源**］ボタン ⏻ をクリックする．

❷ ［**シャットダウン**］をクリックすると，Windows が終了し，パソコンの電源が自動的に切れる．

3・2　ウィンドウの基本操作

　　ウィンドウの最大化と復元，最小化と復元，ウィンドウのサイズの変更と移動など，ウィンドウの基本的な操作について学ぶ．

１ **ウィンドウの最大化・最小化と復元**

●**最大化と復元**　　ウィンドウをパソコンの画面いっぱいに拡大表示する．これを**最大化**という．

❶ ウィンドウの右上隅にある最大化ボタン ❑ をクリックすると，Word のウィンドウが画面いっぱいに拡大表示され，最大化ボタン ❑ は，復元ボタン ❏ に変わる．

❷ 復元ボタン ❏ をクリックすると，Word の画面は元の大きさに戻る．

●**最小化と復元**

❶ ウィンドウの最小化ボタン − をクリックすると，Word のウィンドウが消える．しかし，終了されたわけではなく，Word のウィンドウは残っている．

最小化ボタン　最大化ボタン

閉じるボタン

❷ タスクバーの ⬛ をポイントする.

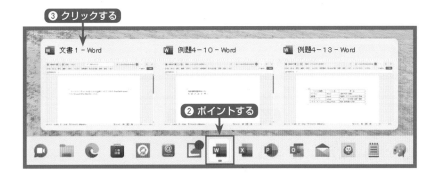
❸ クリックする

❷ ポイントする

Advice

タスクバーは Windows
画面の最下行のバーで,
スタートボタンや現在
開かれているアプリ
ケーションソフト名な
どが表示されている.

❸ [文書1] をクリックすると, 復元できる.

② ウィンドウのサイズの変更

●横方向の拡大・縮小

手　順

❶ ウィンドウの左辺または右辺の境界線をポイントすると, マウスポイ
ンタが ⟺ に変わる.

❷ 左右にドラッグすると, ウィンドウが横方向に拡大・縮小される.

●縦方向の拡大・縮小　　ウィンドウの上辺または下辺の境界線をポイン
トすると, マウスポインタが ↕ に変わる. 上下にドラッグすると, 縦方
向に拡大・縮小される.

●縦横同時変更　　ウィンドウの四隅の境界をポイントすると, マウスポ
インタが ⬉ または ⬈ に変わるので, 上下左右にドラッグして, 大きさ
を変更する.

③ ウィンドウからはみ出した部分を見る

　1行の文字数が多いときや文書の行数が多いときには, ウィンドウの中
に文章が全部が表示されず, 文書の一部はウィンドウからはみ出してしま
う. はみ出した文章を表示するには, 次のようにする.

手　順

❶ ウィンドウの右側と下方にスクロールバーとスクロールボタンが表示さ
れる. これはウィンドウに入りきらない文章があることを表している.

Advice

ウィンドウを最大化した
状態ではウィンドウのサ
イズの変更はできない.

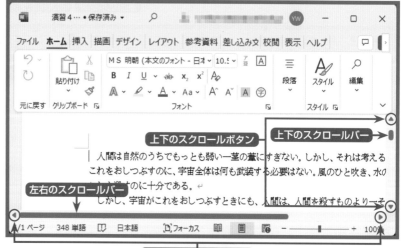
❷ スクロールバーを上下にドラッグすると，ウィンドウに入らなかった文章が表示される．

❸ 上向きのスクロールボタン ▲ または下向きのスクロールボタン ▼ をクリックすると，上または下にスクロールされる．

❹ 左右のスクロールバーをドラッグするか，左向きのスクロールボタン ◀ または右向きのスクロールボタン ▶ をクリックすると，左または右にスクロールされる．

4 ウィンドウの移動

ウィンドウを任意の位置に移動することができる．

❶ タイトルバーをポイントすると，マウスポインタは ↖ となる．

❷ 上下左右にドラッグすると任意の位置に移動できる．

5 アクティブウィンドウと非アクティブウィンドウ

Windows では，複数のウィンドウを同時に開くことができるが，実際に操作できるウィンドウは前面にあるウィンドウ１つだけである．操作の対象となるウィンドウを**アクティブウィンドウ**，対象外のウィンドウを**非アクティブウィンドウ**という．

非アクティブウィンドウ上でクリックすると，アクティブウィンドウに切り替えることができる．

CHAPTER 4
Word による文書の作成

W ordは，さまざまな機能を持つ優れたワープロソフトである．この章では，Wordを使った文書作成について学ぶ．

4・1　Word の画面

Word を起動すると次のような画面が表示される．

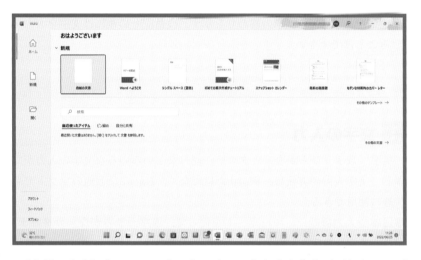

　[白紙の文書] をクリックすると，次のような文書作成画面となる．画面の主な項目を説明する．

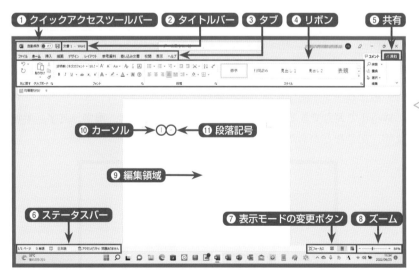

① **クイックアクセスツールバー**：使用頻度の高いボタンをまとめたバー．
② **タイトルバー**：文書ファイル名（ファイル名を付けて保存する前は「文書1」）を表示．

Advice

各種の文書が容易に作成できるテンプレートが用意されているが，ここでは，[白紙の文書] を使って文書を作成する方法を学ぶ．

Advice

[ホーム] タブを表示したときの画面．

③ **タブ**：ボタンを「ホーム」「挿入」など使用目的に応じて分類したもの.

④ **リボン**：タブで分類されたボタンを表示. タブを変更するとリボンも変わる.

⑤ **共有**：Word の文書をクラウドに保存して, 他の人と共有するための機能.

⑥ **ステータスバー**：カーソルのあるページや行数などの情報を表示.

⑦ **表示モードの変更ボタン**：印刷レイアウト, 閲覧モードなどの表示方法を変更する.

⑧ **ズーム**：表示倍率を変更する.

⑨ **編集領域**：文字や図などを入力すると, ここに表示される.

⑩ **カーソル**：文字を入力する位置やボタンを実行する位置を示す.

⑪ **段落記号**：1行の文章の終わりを示す. 段落記号の後には文字を入力することはできない.

4・2　簡単な文書の作成・修正

1 文字の入力

英字, 数字, ひらがな, カタカナ, 記号などいろいろな文字の入力ができる. 文字入力の方法は, Word だけでなく, Excel など他のソフトでも共通に使用できる.

●**日本語入力機能**　キーボードを使って, 漢字, ひらがな, カタカナ, 記号, 英字, 数字などの入力ができる. 本書では, Microsoft IME を使用する.

●**入力方法の切り替え**　Word において文字を入力するには, 次の方法がある.

IME は Input Method Editor の略.

パソコンを使うときには, カナより英字を使うことが多いので, カナ入力より英字入力に習熟しておいたほうが便利である. このためローマ字漢字変換方式を使ったほうがよい.

ローマ字漢字変換方式	文字をローマ字で入力して漢字に変換する
かな漢字変換方式	文字をひらがなで入力して漢字に変換する

一般にローマ字漢字変換方式が使われる.

Word で入力できる文字には, ひらがな, カタカナ, 漢字, 英字, 半角文字, 記号などがある.

手順

❶ Word を起動し，［**白紙の文書**］を選択する．

❷ <u>あ</u> を右クリックすると，入力方法と，入力モードの選択画面が表示される．

❸ ［**かな入力(オフ)**］となっているときは「ローマ字漢字変換方式」である．これをクリックして［**かな入力(オン)**］にすると「かな漢字変換方式」になる．

● **入力モード**　Word を起動したときには，日本語入力モードとなっているが，<u>半角/全角漢字</u>キーを押すと，半角の英数字入力モードとなる．

ひらがな，カタカナ，英字，数字の入力方法を裏見返しに示す．

● **漢字の入力**　ローマ字漢字変換を使って入力する．

「高等」と入力してみよう．

手順

❶ ローマ字で「koutou」（大文字でもよい）と打ち込むと，画面には「こうとう」と表示される．

❷ <u>スペース</u>キーを押すと（または<u>変換</u>キー，以下同じ），「高騰」と表示される．

❸ 入力したい文字「高等」とは違うので，もう一度<u>スペース</u>キーを押すと，次のようなメニューが現れる．これをプルダウンメニューという．

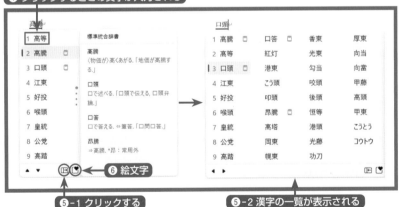

④ クリックするとこの文字が入力される

⑤-1 クリックする　⑥ 絵文字　⑤-2 漢字の一覧が表示される

❹ 「高等」をクリックすると，この文字が入力される．

❺ いま，「こうとう」という文字が9個表示されているが，このほかの「こうとう」を探すときには，ボタン⊞をクリックすると，「こうとう」という読みの文字の一覧が表示される．

❻ ボタン♥をクリックすると絵文字が表示され入力できる．

Advice

❸ では，<u>Alt</u> キー＋<u>カタカナひらがな</u>キーを押してもよい．

Advice

❷ において，「高騰」とは限らず，直前に使用された文字が表示される．

Advice

❸では，<u>変換</u>キーでもよい．

CHAPTER 4　Word による文書の作成

② 連文節変換による文の入力

　漢字，ひらがな，カタカナなどが混じった文章を入力するときには，単語ごとに変換・確定してもよいが，これでは面倒である．文節ごとに入力・変換・確定を行う．

 例題 4-1　　連文節変換

　次の文を入力しなさい．
　　私は情報リテラシーの勉強をしています。

 手　順

❶「わたしはじょうほうりてらしーのべんきょうをしています。」と打ち込む．

❷ [スペース]キーまたは[変換]キーを押すと，次のように変換される．

私は情報リテラシーの勉強をしています。↵

---

❸ 入力したい文章となっているので，[Enter]キーを押すと確定し入力できる．
　かなり長い文章のときは，変換が面倒であり文字の入力ミスの訂正もしなければならないので，次のように短い語句ごとに入力・変換・確定を行ったほうがよい．

手　順

❶「わたしは」と入力し[スペース]キーを押すと，「私は」と変換されるので確定する．

❷「じょうほうりてらしーの」と入力し，変換・確定する．

❸「べんきょうをしています。」と入力し，変換・確定する．

③ 文書の修正

　文書を間違って入力したとき，あるいは文書を訂正したいときには，これを修正する．修正には文字の削除と挿入，行の削除と挿入および文の修正がある．

●文字の削除　　文字の削除には，[BackSpace]と[Delete]キーが用いられる．

 Advice

一度入力した語句や文はメモリに記憶される．例えば「情報リテラシー」と入力すると，次に「じょうほう」と入力しただけで，

じょうほう↵
Tab キーを押して選択します
1 情報リテラシー
2 情報
3 情報収集
4 情報システム
5 情報共有

と表示され，「情報リテラシー」をクリックすると，その語句が入力できる．

 Advice

間違えて削除したときには，クイックアクセスツールバーの［元に戻す入力］ボタンをクリックすると復活できる．これを元に戻す機能といい，各種の操作の取り消しに用いる．

例題 4-2　文字の削除

次の上の文を下の文のように修正しなさい.

彼は情報リテラシーについて大変よく勉強しています。

⬇

彼はよく勉強しています。

● BackSpace キーによる削除　　カーソルの左の文字を削除する.「情報リ
テラシーについて」を削除してみよう.

 手　順

❶ 次の文の「大」の左にカーソルを移動する.

彼は情報リテラシーについて|大変よく勉強しています。↵

❷ BackSpace キーを押すと,「大」の左の「て」が削除される.さらに,
BackSpace キーを 10 回押すと,次のようになる.

彼は|大変よく勉強しています。↵

● Delete キーによる削除　　カーソルの上にある文字を削除する.「大変」
を削除してみよう.

 手　順

❶ いまカーソルが「大」の左にある.
❷ Delete キーを押すと「大」が削除され,カーソルは「変」の位置に移る.
❸ もう 1 回 Delete キーを押すと,「変」が削除され,文が修正される.

●文字の挿入

  例題 4-3　文字の挿入

次の上の文を下の文のように修正しなさい.

彼はよく勉強しています。

⬇

彼は情報リテラシーについて大変よく勉強しています。

Advice

BackSpace キーと Delete
キーは適宜使い分ける
とよい.

❶「彼は」の後に「情報リテラシーについて大変」を挿入するために，カーソルを「は」の右に移す.

> 彼は|よく勉強しています。↵

❷「情報リテラシーについて大変」と入力すると，この位置に挿入される.

●行の削除　　行の削除は次のようにして行う.

❶ 削除する行の左端をクリックして，行の文字を反転表示させる.
❷ Delete キーを押すと削除される.

●行の挿入　　行の挿入は次のようにして行う.

❶ 挿入する行（1行目と2行目の間に挿入するときには1行目）の段落記号の左にカーソルを移動する.

> 彼は情報リテラシーについて大変よく勉強しています。↵
> 私は横浜スタジアムにサッカーを見に行きます。↵
>
> ❶ カーソルを移動する

❷ Enter キーを押すと，1行分の空白行ができる.
❸ この空白行に挿入する文を入力する.

4・3 ボタンの使い方・文書の印刷・保存

1 ボタンの使い方

　Wordでは，文書の作成・編集・印刷・保存などさまざまな機能を使うことができるが，これらはいずれもボタンを選択することにより行われる. タブを選択するとそのタブに関連したボタンが表示されるので，その中から選択する.

行を削除したときにも元に戻す機能で復活できる.

❷は BackSpace でもよい.

● タブとボタン　　各種のタブとボタンを示す.

タブ	主な機能
ファイル	ファイルの読み込みと保存, 文書の印刷など
ホーム	文のコピーと貼り付け, フォント, 段落, スタイルなど
挿入	図の挿入, 表の作成, ヘッダーとフッターなど
描画	ペンツールを使った手描きなど
デザイン	文書の書式設定, ページの背景など
レイアウト	ページ設定, 段落, 配置など
参考資料	目次, 索引, 脚注など
差し込み文書	差し込み印刷, はがさ宛名印刷など
校閲	文章校正, コメントの挿入など
表示	文書の表示形式, ズーム, ウィンドウの分割など
ヘルプ	ヘルプ, サポートへの問い合わせなど

● タブの使い方　　タブをクリックすると, そのタブに含まれるボタンが
表示される.

❶ ［ホーム］タブをクリックすると, フォント, 段落など文書作成に必要
　なボタンが表示される.

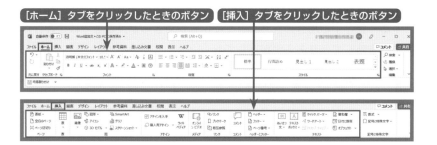

❷ ［挿入］タブをクリックすると, 表, 図, グラフ, 特殊文字などのボタ
　ンが表示される.

2 文書の印刷

　入力した文書を印刷する. 文書はいろいろな書式で印刷できるが, ここ
では書式の指定の変更を省略し, あらかじめ指定された書式で印刷する.

 例題 4-4　　文書の印刷

　いままで入力した文書を印刷しなさい.

❶ ［ファイル］タブ→［印刷］をクリックする.

❷ 設定はそのままでよいので,［印刷］ボタンをクリックすると印刷できる.

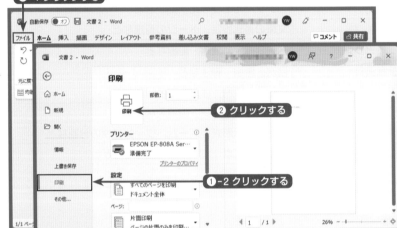

［ファイル］タブから
［ホーム］タブに戻る
ときは,画面左上の ⊖
をクリックする.

③ 文書の保存

　作成した文書を保存する.パソコンを個人で使用するときにはハードディスクに保存することが多いが,ここでは USB メモリに保存することにする.保存する場合にもさまざまな指定ができるが,ここではこれらの指定は省略してとりあえず保存しておく.

例題 4-5　文書の保存

　いままで作成した文書を「練習」というファイル名で USB メモリに保存しなさい.

●新規文書の保存　　新たに作成した文書は,次のようにして保存する.

❹ で表示される画面を
ダイアログボックスと
いう.

「E:」はドライブ名とい
い,周辺機器の接続状
態により「G:」「J:」な
どと変わることがある.

❶ パソコンに USB メモリをセットしておく.

❷ ［ファイル］タブをクリックする.

❸ ［名前を付けて保存］をクリックする.

❹ ［参照］をクリックすると,「名前を付けて保存」ダイアログボックスが表示される.

❺ フォルダのスクロールバーを下方にドラッグする.

❻ ［USB ドライブ(E:)］を選択する.

❼ ［ファイル名(N)］欄の文字を消して,ファイル名「練習」を入力する.

❽ [保存(S)] ボタンをクリックすると保存される.

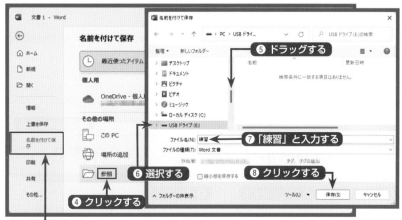

③ クリックする

④ クリックする

⑤ ドラッグする

⑥ 選択する

⑦「練習」と入力する

⑧ クリックする

●既存文書の保存　　一度保存したことのあるファイルを再度保存するときに用いられる方法で，保存済みの文書に上書き保存される.

（手順）

❶ パソコンに USB メモリをセットしておく.

❷ [ファイル] タブ→ [上書き保存] をクリックすると，直ちに保存される.

4 保存文書を開く

　ディスクに保存してある文書をもう一度印刷をしたり，あるいは修正して使用するときには文書を開く.

❓ 例題 4-6　　文書を開く

　例題 4-5 で保存した文書「練習」を開きなさい.

（手順）

❶ USB メモリをセットしておく.

❷ [ファイル] タブ→ [開く] をクリックする.

❸ [参照] をクリックすると，「ファイルを開く」ダイアログボックスが表示される.

❹ [USB ドライブ(E:)] を選択する.

❺ USB メモリに保存されている Word 文書の一覧が表示されるので，「練習」をクリックする.

❻［**ファイル名(N)**］欄に「練習」と書き込まれているのを確認する．

❼［**開く(O)**］ボタンをクリックすると，文書が表示される．

4・4 文字入力と編集

　Word では，文字のサイズ・フォント・文字飾りの指定・文字位置の指定・文のコピーと移動・表の作成などさまざまな文書処理ができる．

1 記号と文字の入力

　キーボードから直接入力できる記号「！＃？」などのほか，Word で使用する IME では，たくさんの記号が用意されている．また，読み方がわからない文字の入力もできる．

 例題 4-7 　記号と文字の入力

次の文を入力しなさい．
　〒 192 − 0913　東京都八王子市北野台○−○−○
　永井　侳　℡ 042 − 635 − 0000

●**読みによる記号の入力**　　郵便番号の記号「〒」を入力する．

❶「ゆうびん」と入力し，通常の漢字変換と同じように スペース キーを押す．

❷「〒」が現れないときには，もう一度 スペース キーを押すと，「〒」が現れる．

　この方法で入力できる記号の例を次に示す．

T_EL	でんわ	（株）	かぶ	～	から
☆	ほし	□	しかく	○	まる

●記号のメニューからの入力　　　記号の種類は非常に多いので，記号の一覧を表示させ，そこから選択したほうがよい場合がある．この方法で「Σ」を入力してみよう．

❶ あ を右クリックする．
❷ ［IME パッド］をクリックするとダイアログボックスが表示される．
❸ ［文字カテゴリ］から［ギリシャ／コプト文字］を選択する．
❹ 「Σ」をクリックするとカーソルの位置に「Σ」が入力される．

Advice
❸において［文字カテゴリ］が表示されないときには，［文字一覧］のボタン 🔲 をクリックする．

●読み方がわからない文字の入力　　　通常の漢字変換では入力できない漢字や，読み方がわからない漢字がある．このときは**手書き入力**を使うとよい．手書き入力で「侘」という文字を入力する．

❶ あ を右クリック→［IME パッド］をクリックする．
❷ ［手書き］のボタン ✎ をクリックする．

Advice
［IME パッド］を選択すると，最初から［手書き］となっている場合もある．

29

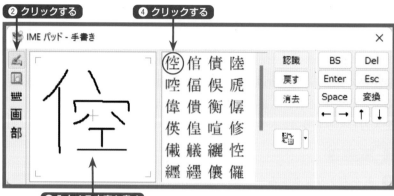

②クリックする　④クリックする

③入力する文字を書く

手書きの文字を途中まで書くと目的の文字が表示される.

元に戻すボタンをクリックすると,1つ前の書き順まで戻すことができる.

❸ 左側の空欄の部分にマウスポインタを移動すると,マウスポインタの形が ↖ となりこれがペンになるのでこのペンをドラッグして,手書きで「侄」という文字を書く.

❹ 右側に「侄」という文字と手書きした文字に近い文字の一覧が表示されるので,「侄」をクリックすると,この文字が入力される.

また,文字を書き損じたときには,消去ボタン 消去 をクリックすると,書いた文字を消すことができる.

② 文字のサイズ・フォント・飾りの指定

入力した文字のサイズやフォント(書体)を変更したり,文字にアンダーライン,斜体などの飾りを付けることができる.

●文字サイズ・フォント・スタイルの設定　Word では,全角・半角・上付き・下付きなどの文字のほか,文字サイズ(ポイント)を任意に設定した文字を使うことができる.また,文字のフォントやスタイルなどの文字形式を設定することができる.

例題 4-8　文字のサイズ・フォント・スタイルの指定

次の文を文字サイズ 12,MS ゴシック,斜体で入力しなさい.
東京文化大学サッカー部員名簿

文字を入力する前に文字のサイズ・フォント・スタイルを指定しておくこともできるが,入力した後に変更することもできる.どちらの方法でも結果は同じである.文章中の一部の文字列のサイズやスタイルなどを変える場合は,文章を入力した後に,変更したほうがよい.

●文字サイズとフォントの設定　まずフォントを「MS ゴシック」に,文字サイズを「12」に設定する.

❶「東京文化大学サッカー部員名簿」と入力する.

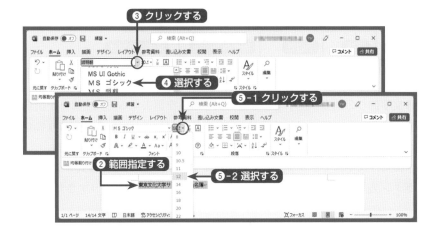

❷ 文字上をドラッグして,範囲を指定する.
❸ [ホーム] タブの [フォント] のボタン ∨ をクリックする.
❹「MS ゴシック」を選択する.
❺ [フォントサイズ] のボタン ∨ をクリックし,「12」を選択する.
●文字スタイルの変更　　入力した文字のスタイルを「斜体」に変更する.

❶ 例題4-8の文字を範囲指定しておく.

❷ [斜体] のボタン *I* をクリックすると,斜体に変更される.
　このほかツールボタンには,次のものがある.

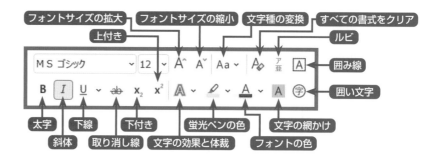

●文字飾りの消去　不要になった文字飾りを消去する．文字飾りを消去する文字列をドラッグして範囲指定した後，付加されている文字飾りのボタンをクリックする．

　また，文字列をドラッグして範囲指定した後，[**すべての書式をクリア**] ボタン をクリックすると，指定されたすべての書式がクリアされる．

③ 文字位置の指定

　文書を作成するとき，表題は行の中央に，日付などは右寄りに書くのが一般的である．

⁇ 例題 4-9　文字位置の指定

次の文を作成しなさい．なお，文を囲む枠は必要ない．

令和Ｘ年６月１０日

部員の皆様

東京文化大学サッカー部
部長　　　大谷　大輔
新入部員入部説明会について
（以下省略）

　例題の文書において，1，3，4 行の文字列は右揃え，2 行の文字列は左揃え，5，6 行の文字列は中央揃えに配置する．

●右揃え

手　順

❶ 各行の文を次のように左に揃えて入力しておく．

令和 X 年 6 月 10 日↵
部員の皆様↵
東京文化大学サッカー部↵
部長　　　大谷　大輔↵
新入部員入部説明会について↵
　（以下省略）↵

❷ 右揃えする 1 行目（行の桁位置はどこでもよい）をクリックする.

❸ ［ホーム］タブの［右揃え］ボタン をクリックすると，1 行目の文字列が右に寄る.

❹ 同様にして 3 行目と 4 行目を右に揃える. 複数行のときには，右に揃える行範囲（この場合は 3，4 行目）をドラッグする.

Advice

右揃えした後，1 行の文字数を変更しても自動的に右揃えが行われる.

●中央揃え　　文字の中央揃えの方法は，右揃えの場合とほぼ同じで，［右揃え］ボタンの代わりに，［中央揃え］ボタン ≡ を選ぶところが異なるだけである.

手　順

❶ 行範囲（5，6 行目）を指定する.

❷ ［中央揃え］ボタン ≡ をクリックすると，行の中央に揃えられる.

●均等割り付け　　文字の間隔を調整して見やすくするために，文字列の長さを適当に調整することを均等割り付けという.

 例題 4-10　均等割り付け

　次のように「大阪文科大学」という学校名を，所在地の長さと一致するように文字の間隔を調整しなさい.
　大阪府高槻市富田町×－×
　大　阪　文　科　大　学

手　順

❶ 所在地と大学名を入力し，均等割り付けする範囲を指定する.

❷ ［ホーム］タブ → ［均等割り付け］ボタン 目 をクリックする.

Advice

❶では均等割り付けする範囲に段落記号↵が入らないように，段落記号の前に 1 文字分スペースを入れておくとよい.

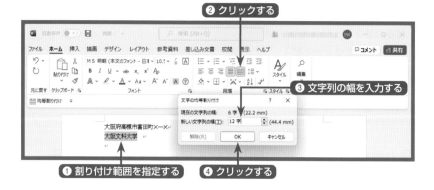

❸［**新しい文字列の幅(T)**］を所在地の文字数「12 字」とする.

❹［**OK**］ボタンをクリックする.

4 文のコピーと移動

●**文のコピー**　同じような語句や文がたびたび出てくるときは，前に出ている語句や文をコピー（複写）すればよい.

 例題 4-11　文のコピー

次の文を入力しなさい. 2 行目は，1 行目の一部をコピーしなさい.
　大阪文科大学文学部英米文学科
　大阪文科大学文学部フランス文学科

❶ 1 行目の文を入力し，コピーする範囲「大阪文科大学文学部」をドラッグする. 文字に灰色の網がかかる.

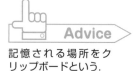

Advice

記憶される場所をクリップボードという.

❷［**ホーム**］タブ → ［**コピー**］ボタン をクリックすると，灰色の網がかかった文字列がメモリに記憶される.

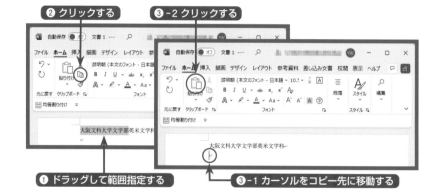

3 4

❸ コピー先にカーソルを移動し，［**貼り付け**］ボタン をクリックする.

❹「フランス文学科」と入力する.

●**文の移動**　　文書において行を入れ替えたり，表の位置を変えたりするときに使われるのが移動である.

 例題 4-12　文の移動

次のように，学校名と所在地を入れ替えなさい.

大阪文科大学　　大阪府高槻市富田町×－×

⬇

大阪府高槻市富田町×－×　　大阪文科大学

手　順

❶ 学校名と所在地を入力し，移動する範囲「大阪文科大学　　」をドラッグする.

❷［**切り取り**］ボタン ✂ をクリックする.

❸ 移動する学校名が画面から消え，所在地が左に寄せられる.

❹ 住所の最後の文字の後にスペースを 2 文字分入力して，その位置にカーソルが移動したことを確認する.

大阪府高槻市富田町×－×　｜←**移動先**

❺［**貼り付け**］ボタン をクリックする.

5 表の作成

文書中に表を入れて，見やすい文書を作成できる．表の作成・列幅の変更・文字位置の変更・罫線の変更などを行い，表の形式を整える.

 例題 4-13　表の作成

次のような表を作成しなさい.

ソフトの種類	ソフト名	用　途
ワープロ	Word	文書の作成と管理
表計算	Excel	計算表・グラフなどの作成と管理
データベース	Access	データベースの作成・検索・管理
プレゼンテーション	PowerPoint	発表・説明資料の作成

●表の作成　　表の作成は，[**表**]ボタン田を使うと容易にできる．

❶ [**挿入**]タブ→[**表**]ボタン田をクリックすると，8行10列の表のセルが表示される．

❷ 作成する表は5行3列なので，5行3列の範囲をドラッグすると表ができる．

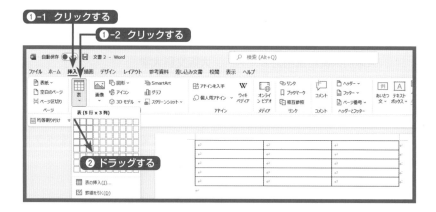

❸ 表の各セルにソフトの種類，ソフト名，用途を入力する．

ソフトの種類	ソフト名	用　途
ワープロ	Word	文書の作成と管理
表計算	Excel	計算表・グラフなどの作成と管理
データベース	Access	データベースの作成・検索・管理
プレゼンテーション	PowerPoint	発表・説明資料の作成

❸ データを入力する

●列幅の変更　　表の各セルに文字列を書き込み，列幅より文字列が長くなると，自動的に改行されて2行以上になる．そこで，列幅を広げて1行で収まるようにする．

❶ 「用途」の列の右端の罫線上をポイントすると，マウスカーソルの形が ↔ となる．

❷ ドラッグする

ソフトの種類	ソフト名	用　途
ワープロ	Word	文書の作成と管理
表計算	Excel	計算表・グラフなどの作成と管理
データベース	Access	データベースの作成・検索・管理
プレゼンテーション	PowerPoint	発表・説明資料の作成

Advice

カーソルを左にドラッグして「ソフトの種類」と「ソフト名」の列幅を狭くする．

❷ 右にドラッグすると，列幅が広くなる．

●**中央揃え**　　「ソフトの種類」などの見出しをセルの中央に配置する．

❶ 中央揃えする文字列があるセルの範囲をドラッグする．

❷ ［**ホーム**］タブ→ ［**中央揃え**］ボタン ≣ をクリックする．

●**表の中央揃え**　　現在，表は用紙の左に寄っているが，表を用紙の中央
に配置することができる．

❶ 表の中で右クリックする．

❷ ［表のプロパティ（R）］をクリックするとダイアログボックスが表示
される．

❸ ［表］タブ→ ［**中央揃え（C）**］→ ［OK］ボタンをクリックする．

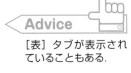

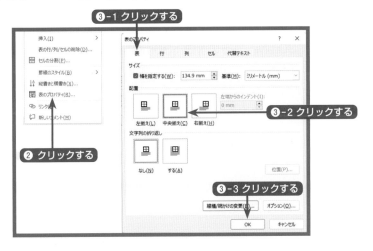

●**行と列の挿入**　　任意の位置に行や列を挿入できる．

❶ 挿入する行または列の位置をクリックする．

❷ 右クリックし，［挿入（I）］をポイントする．

❸ ［**左に列を挿入（L）**］を選択すると，指定した列の左に列が挿入される．
また，［**上に行を挿入（A）**］を選択すると，指定した行の上に行が挿入
される．

［表］タブが表示され
ていることもある．

CHAPTER 4　Wordによる文書の作成

4・5 知っていると便利な機能

Word には，さまざまな機能があり，限られた紙面では，そのすべての機能を説明できないが，知っていると便利ないくつかの機能について学ぶ．

1 ページの設定と印刷

文書を印刷するとき，印刷用紙を指定したり，上下左右の余白（マージン）を調整したりなど，ページのスタイルを指定して見やすくすることができる．

例題 4-14 ページの設定

第 4 章の演習問題 2 の文書のページスタイルを，次のように設定し，印刷しなさい．

用紙サイズ：A4	1 行文字数：35 字	1 頁行数：30 行
上の余白：30mm	下の余白：30mm	左の余白：30mm
右の余白：30mm	印刷の向き：縦置き	

●用紙サイズ　　用紙サイズを A4 に設定する．

手　順

❶「演習 4 - 2」を開く．

❷ ［レイアウト］タブ→ ［サイズ］をクリックする．

❸ ［A4 210 × 297mm］を選択する．

❷-2 クリックする　❷-1 クリックする

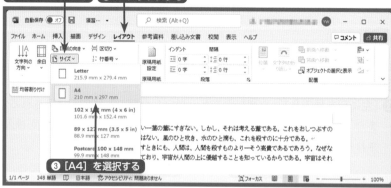

❸ ［A4］を選択する

Advice

特に指定しなければ，指定された用紙サイズと余白から最適の文字数が自動的に設定される．

●文字数と行数，余白と印刷の向きの設定　　1 行の文字数と 1 ページの行数を指定する．また，ページの上下左右の余白を 30mm に，印刷の向きを縦に設定する．

❶［レイアウト］タブ→［ページ設定］ボタン ⏷ をクリックすると,「ペー
ジ設定」のダイアログボックスが表示される.

Advice

用紙の選択も「ページ
設定」のダイアログ
ボックスでできる.

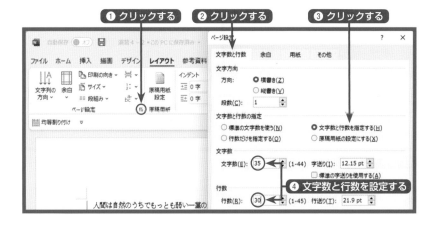

❷［文字数と行数］タブをクリックする.

❸［文字数と行数を指定する(H)］をクリックする.

❹［文字数(E)］と［行数(R)］を設定する.

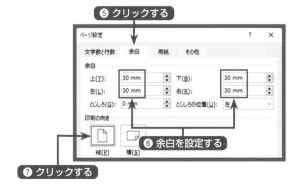

❺［余白］タブをクリックする.

❻［上(T)］［下(B)］［左(L)］［右(R)］のリストボックスに「30」と設定
する.

❼［印刷の向き］の［縦(P)］を選択した後,［OK］ボタンをクリックする.

●印刷

❶作成した文書を画面に表示させておく.

❷［ファイル］タブ →［印刷］を選択する.

Advice

［レイアウト］タブ→
［余白］ボタン▥をク
リックすると, 標準,
狭い, やや狭い, 広い
などあらかじめ指定さ
れた余白に設定でき
る.

CHAPTER 4

Word による文書の作成

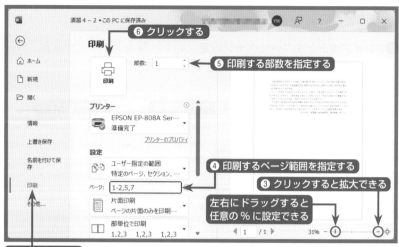

❷ クリックする

❸では╋ボタンをドラッグすると，任意の%に設定できる．

［プリンターのプロパティ］をクリックすると，用紙種類，印刷品質，用紙サイズなどを指定できる．

❸ ダイアログボックスの右に印刷する文書が表示されるので，どのように印刷されるか確認できる．右下の拡大ボタン╋をクリックすると，拡大できる．

❹ 印刷範囲を指定する．全ページを印刷するときにはそのまま，一部のページを印刷するときには，［ページ］のリストボックスに「1-2,5,7」のように印刷するページ範囲を入力する．

❺ ［部数］のリストボックスに印刷する部数を入力する．

❻ ［印刷］をクリックすると，印刷が行われる．

●差し込み印刷　　多数の人に案内状を送るときなど文面は同じで宛名だけを変えるときには，差し込み印刷を用いる．

? 例題 4-15　差し込み印刷

　　例題 4−9 の案内文を次のように，宛名の氏名を差し込んで印刷しなさい．

令和 X 年 6 月 1 0 日

鈴木昭一様

東京文化大学サッカー部
部長　　　大谷　大輔

新入部員入部説明会について
（以下省略）

▼手　順

あらかじめ例題4−9の案内文を開いておく．

❶ すべての宛名に共通する敬称を入力する．

❷ ［差し込み文書］タブ→［差し込み印刷の開始］をクリックする．

❸ ［差し込み印刷ウィザード（W）］をクリックする．

① 敬称を入力する　**②-2** クリックする　**②-1** クリックする

③ クリックする

❹ [**レター**] をクリックして文書の種類を選択し，[**次へ：ひな形の選択**] をクリックする．

❺ いま開いている文書を使用するので [**現在の文書を使用**] をクリックし，[**次へ：宛先の選択**] をクリックする．

❻ 新たにリストを作成して使用するので [**新しいリストの入力**] を選択し，[**作成**] をクリックする．

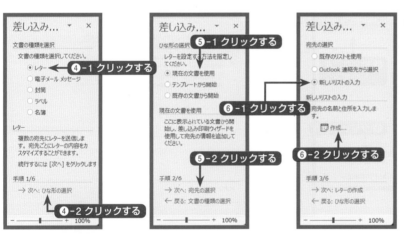

❹-1 クリックする
❹-2 クリックする
❺-1 クリックする
❺-2 クリックする
❻-1 クリックする
❻-2 クリックする

Advice

「差し込み印刷」の作業ウィンドウは，Word 画面の右端に表示される．

❼-1 クリックする

⑦-2 不要なフィールドを削除する

⑦-3 クリックする

⑦ [列のカスタマイズ(Z)]をクリックし不要なフィールドを削除し，[OK]
をクリックする．

⑧ 姓名など必要なデータを入力する．

⑨ [新しいエントリ(N)] ボタンをクリックすると，次々と姓名を入力で
きる．

⑩ 入力が終わったら [OK] ボタンをクリックする．

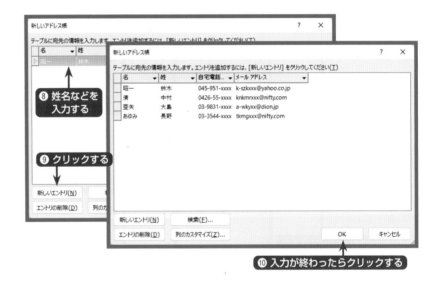

⑧ 姓名などを入力する

⑨ クリックする

⑩ 入力が終わったらクリックする

⑪ 作成したリストを保存する．まず，保存先を選択する．

⑫ ファイル名「部員名簿」を入力し，[保存(S)] ボタンをクリックする．

⑬ 宛先のダイアログボックスが表示されるので，宛先を確認する．

⑭ [OK] ボタンをクリックする．

⑪ 保存先を選択する

⑬ 宛先を確認する

⑭ クリックする

⑫-1 ファイル名を入力する

⑫-2 クリックする

⑮ 宛先を入力する箇所「様」の前にカーソルを移動し，[次へ：レターの作成] をクリックし，[差し込みフィールドの挿入] をクリックする．

⑮-1 カーソルを移動する

⑮-3 クリックする

⑮-2 クリックする

⑯ [姓] → [挿入 (I)] ボタンをクリックする．

⑰ [名] → [挿入 (I)] ボタンをクリックすると，宛名の挿入位置に「《姓》《名》」と表示される．

⑱ [閉じる] ボタンをクリックし，[次へ：レターのプレビュー表示] をクリックする．

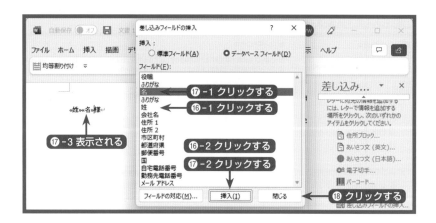

❶⑨ 宛名が差し込まれる. >> をクリックすると，宛先が次々と表示される.

❷⓪ ［次へ：差し込み印刷の完了］ → ［印刷］をクリックする.

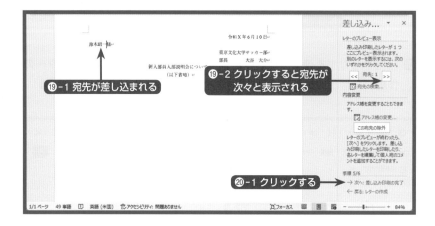

❷① 差し込む宛先（レコード）の範囲を指定し，［OK］ボタンをクリックする.

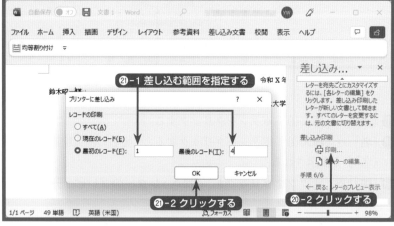

Advice

印刷の設定は 39 ペー
ジ参照.

❷② 印刷の設定を行い ［OK］ボタンをクリックする.

② 単語の登録

　IME の辞書には，約 14 万語が登録されている．しかし，人名・地名・専門用語などには，登録されていないものもたくさんある．IME では，辞書にない単語を自分で登録できる．また，文字数の多い単語に短い読みをつけ登録すると，すばやく入力できる．

●単語の登録

例題 4-16　単語の登録

　「大阪文科大学文学部英米文学科」という単語を「だいがく」という読みで登録しなさい．

（手　順）

❶ 画面右下端の あ ボタンを右クリックする．

❷ 表示されたメニューから［単語の追加］をクリックする．

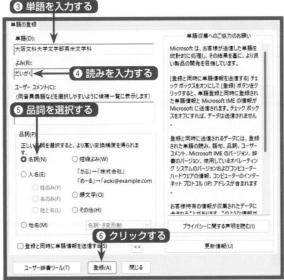

❸ ［単語 (D)］の欄に登録する単語「大阪文科大学文学部英米文学科」を
　入力する．

❹ ［よみ (R)］の欄に「だいがく」と入力する．

❺ ［品詞 (P)］において［名詞 (N)］を選択する．

❻ ［登録 (A)］ボタンをクリックすると単語が登録される．
　引き続き別の単語を登録できる．登録しないときには［閉じる］ボタンをクリックする．

●登録単語の使い方　普通の漢字入力と同じように，登録した単語の読

Advice

すでに入力してある文章中の単語をドラッグし，そのまま使用してもよい．

Advice

読みは 1 文字でもよい．

みを入力し，スペースキーを押すと単語が表示され入力できる．このとき同じ読みの単語があるときは，それも表示されるので，その中から選択する．

3 飾り文字と写真の貼り付け

　Word では，文字をいろいろな形に変形して文書中に貼り付けたり，写真や図形などを貼り付けることができる．

例題 4-17　飾り文字と写真の貼り付け

次のように飾り文字と写真を貼り付けた文書を作りなさい．

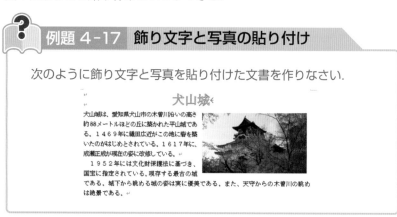

●飾り文字の貼り付け

❶ ［挿入］タブ→ ［ワードアート］を選択する．

❷ 適当な文字のスタイルを選択する．

❸「ここに文字を入力」と表示されるので，これを削除して「犬山城」と入力し，入力した文字をドラッグして範囲指定する．

❸では，削除しないでそのまま上書きしてもよい．

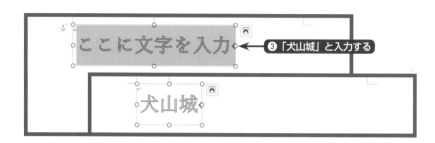

❹ ［ホーム］タブ →［フォントサイズ］のボタン ⌄ をクリックする．

❺ フォントサイズ「24」を選択する．

●飾り文字の移動　飾り文字は文書上で任意の位置に移動できる．

❶ 飾り文字の縁をポイントすると，マウスポインタの形が ✛ となる．

❷ 任意の位置にドラッグする．

●文の入力　飾り文字の下に例題の文を入力する．

●写真の貼り付け　デジタルカメラなどで撮影した写真を文書上に貼り付ける．写真はあらかじめ USB メモリの「写真」フォルダに保存されているものとする．

❶ ［挿入］タブ →［画像］をクリックする．

❷ ［このデバイス (D)］をクリックする．

❸ 「図の挿入」のダイアログボックスにおいて，貼り付ける写真をクリックする．

❹ ［挿入 (S)］ボタンをクリックすると写真が貼り付けられる．

●写真の大きさの変更と移動　貼り付けた写真は大きさの変更と移動ができる．

❶ ［図の形式］をクリックする．

❷ ［文字列の折り返し］→［四角形 (S)］をクリックする．

ここで［ホーム］タブ →［フォント］のボタン ⌄ をクリックすると，文字のフォントを変更できる．また，Word の文章と同様にして，文字色，下線，斜体などの指定ができる．

❸，❹では，写真をダブルクリックしてもよい．

「図の挿入」のダイアログボックスに写真の一覧が表示されないときは，［USB ドライブ (E:)］を選択する．

❶では写真を選択しておく．

❸ 写真の四辺と四隅にハンドル ○ がついた状態でハンドルをポイントすると, マウスポインタが ↕ ⟷ ↖ ↗ となる.

❹ ドラッグして適当な大きさに変更する.

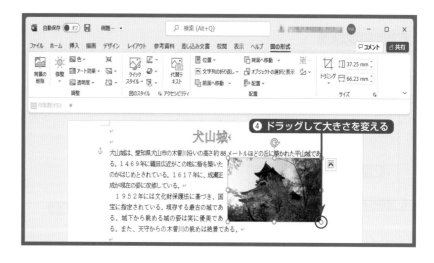

❺ 飾り文字と同様にして写真を適当な位置に移動する.

演習問題

1. 次の文章を入力し, また, 印刷と保存を行いなさい.

 　ワープロソフト Word で用いられるかな漢字変換システム (FEP：Front End Processor) には、Microsoft IME が用いられる。

2．次の文章を入力し，また，印刷と保存を行いなさい．

　　人間は自然のうちでもっとも弱い一茎の葦にすぎない。しかし、それは考える葦である。これをおしつぶすのに、宇宙全体は何も武装する必要はない。風のひと吹き、水のひと滴も、これを殺すのに十分である。

　　しかし、宇宙がこれをおしつぶすときにも、人間は、人間を殺すものより一そう高貴であろう。なぜなら、人間は自分が死ぬことを知っており、宇宙が人間の上に優越することを知っているからである。宇宙はそれについて何も知らない。

　　それゆえ、われわれのあらゆる尊厳は思考のうちに存する。われわれが立ち上がらなければならないのはそこからであって、われわれの満たすことのできない空間や時間からではない。それゆえ、われわれはよく考えることにつとめよう。そこに道徳の根源がある。　　　　（パスカル『瞑想録』河出書房刊、関根秀雄訳より）

3．次の文を入力しなさい．

　　平成文化大学文学部英米文学科

　　　　矢吹　脩

　　〒 192 － 0913　　東京都八王子市北野台○－○－○

　　℡　　　042 － 635 － 0000

　　FAX　　　042 － 635 － 9999

4．次の文を入力しなさい．

　　　　　　　　　　Word の特徴

　　(1) 文の挿入・修正・削除が容易にできる。

　　(2) 文字の大きさやフォントが自由に選択できる。

　　(3) 文字に飾りが付けられる。これには

　　　　<u>アンダーライン</u>　　~~取り消し線~~　　文字囲

　　　　ルビ（るび）　　**太字**　　*斜体*　　文字の網掛け

　　　　蛍光ペンマーク

　　　などがある。

　　(4) 文書の編集機能が充実している。

5．次の語句を単語登録しなさい．

　　自分の学校名と学部名　　自分の氏名と住所

　　Word 2021

6. 次の文書を作成しなさい．

横浜　一太郎　様

光ネット株式会社

開通のお知らせ

　拝啓、時下ますますご清栄のこととお慶び申し上げます。
　この度は、弊社、光ネットをお申し込みいただきまして誠にありがとうございます。
お申し込みいただきましたお客様のご利用内容を下記のとおりご連絡申し上げます。

敬具

ご契約者名	横浜　一太郎
ご利用サービス名	マンションタイプ　LAN 配線方式
お申込日	2021 年 12 月 2 日
ご利用場所住所	〒 227 − 0038 神奈川県横浜市青葉区奈良 1 丁目○−○ 青葉フラワーヒルズ 521 号
お客さま ID	DNT110225631
ご利用開始日	2021 年 12 月 8 日
工事予定日時	2021 年 12 月 8 日午前

7. 次の文書を作成しなさい．宛先の氏名は差し込み印刷とし，所在地と会社名は均等割り付けを使って揃えなさい．

令和 X 年 4 月 17 日

永井小百合様

神奈川県藤沢市善行 X-X-X
藤沢商事株式会社人事部

採用内定のご通知

貴殿を弊社社員として採用することを内定いたしましたのでご通知いたします。

（以下省略）

8. 次の文書を作成しなさい．

冬の羅臼岳

　羅臼岳（らうすだけ）は、北海道・知床半島にある火山群の最高峰で標高 1,660m。古くはアイヌ語でチャチャヌプリと呼ばれていたこともある。1964 年 6 月 1 日に知床国立公園に指定され、2005 年 7 月にこの山域を含む知床半島が世界遺産に正式登録された。日本百名山、花の
百名山に選定されている山である。雪に覆われた冬の羅臼岳の眺めは見事である。

Excel による計算表とグラフの作成

Excel は，表計算・グラフ作成・データベースなどのいろいろな機能を持った優れたソフトである．この章では，表計算・グラフ作成・データベースの機能の基本的な使い方を学ぶ．

5・1　簡単な計算表の作成

　簡単な計算表の作成を通して，データの入力・修正・計算および計算表の保存・印刷・読み込みなどの基本的な操作法を学ぶ．

1 Excel の画面

　Excel を起動すると，次の画面が表示される．ここで容易に計算表が作成できる各種のテンプレートが用意されているが，本書では，[空白のブック]を使用する．

　[空白のブック]をクリックすると次の画面が表示される．タブやリボンの構成などは Word とほぼ同じである．

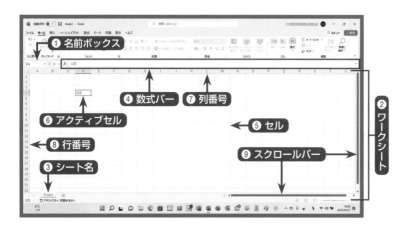

❶ **名前ボックス**：操作の対象となっているセルの番地が表示されている.

❷ **ワークシート**：Excel を起動したときに現れる画面が**ワークシート**である. 表計算, グラフ作成, データベースのいずれもワークシートで行う. ワークシートは行と列からなる碁盤の目のような構造である.

❸ **シート名**：シート名が表示されている. Excel のドキュメントは, 初期状態で 1 枚（最大枚数はメモリ容量で決まる）のワークシートから構成され, これを**ブック**という. 1 つのブックが 1 つのファイルとなる.

❹ **数式バー**：操作の対象となっているセルのデータが表示されている.

❺ **セルとセル番地**：行と列で区切られた 1 区画を**セル**といい, ここにデータを入力する. セルはデータ入力の最小単位となる. セルの位置は, 列番号と行番号で次のように表す.

$$\text{I 列 8 行} \rightarrow \text{I8}$$

「I8」を**セル番地**という.

❻ **アクティブセル**：ワークシート上の深緑色の太枠で囲まれたセルを**アクティブセル**といい, このセルでデータの入力などの作業ができる. これは方向キー（↑↓←→）またはマウスでクリックすることにより移動できる.

❼ **列番号**：セルの列の番号を表す. クリックすると列全体が選択される.

❽ **行番号**：セルの行の番号を表す. クリックすると行全体が選択される.

❾ **スクロールバー**：ワークシートをスクロールする.

② データの入力・修正・消去

簡単な計算表の作成を例として, データの入力・修正・消去の方法について学ぶ.

例題 5-1　成績一覧表（1）

5 人の学生の成績一覧表を作成しなさい. 合計点と平均点は Excel で計算しなさい.

	A	B	C	D	E	F	G	H
1								
2								
3	氏名	国文学	数学	法学	論理学	フランス語	合計点	平均点
4	藤川　晋	93	95	100	84	90	462	92.4
5	内藤　祐樹	75	63	80	76	70	364	72.8
6	川島　由美	82	55	50	84	100	371	74.2
7	渡辺　由香	68	85	80	58	80	371	74.2
8	永井　佳緒	68	83	70	95	80	396	79.2

●**データの入力**　　Excel を起動し, 次のようにデータを入力する.

手順

❶ 半角/全角漢字 キーを押して, 日本語入力ができるようにする.

❷ セル「A3」をクリックしてアクティブにし,「氏名」という文字を入力する.

	A	B	C	D	E	F	G	H	I
1									
2									
3	氏名	国文学	数学	法学	論理学	フランス語	合計点	平均点	
4	藤川　晋	93	95	100	84	90			
5	内藤　祐槙	75	63	80	76	70			
6	川島　由美	82	55	50	84	100			
7	渡辺　由香	68	85	80	58	80			
8	永井　佳緒	68	83	70	95	80			

Advice

数字を入力するとき
は，半角/全角漢字 キーを押
して半角入力にしてお
くとよい．日本語入力
の状態でも数字の入力
ができるが，このとき
は Enter キーを 2 回押
さなければならない．

❸ 同様にして，セル「B3」に「国文学」，「C3」に「数学」，「D3」に「法
学」，「E3」に「論理学」，「F3」に「フランス語」，「G3」に「合計点」，
「H3」に「平均点」という文字を，「A4」～「A8」に氏名を入力する．

❹ セル「B4：F8」に各学生の 4 科目の点数を入力する．

Advice

❹「B4：F8」は，セル
「B4」から「F8」の範
囲を示す．

●データの修正　　セルに間違ったデータを入力したときには，次のよう
にして訂正する．

❶ 訂正するセルをクリックして，アクティブセルにする．

❷ 正しいデータを入力する．これでセルのデータは書き換えられる．

●データの消去　　不要のデータは次のようにして消去する．

❶ データを消去するセルをアクティブにする．

❷ Delete キーを押すと，セルのデータが消去される．

③ 計算

● SUM 関数による合計の計算　　合計を計算する．

❶ 藤川晋さんの点数の合計を入れるセル「G4」をクリックする．

❷ ［ホーム］タブの［オート SUM］ボタン Σ をクリックすると，合計
を求めるセル範囲「B4：F4」が破線で囲まれる．

Advice

Σ ボタンはウィン
ドウを縮小するとボタ
ンだけが表示される．

❷-2 合計を求める範囲が破線で囲まれる　　　❷-1 クリックする

❸ Enter キーを押すと，破線で囲まれた範囲の合計が求められる．

❹ 2 人目までは同様にして合計を計算できるが，3 人目になると「G4」
と「G5」の和となり，「B6：F6」の合計とはならないので，［オート

SUM］ボタンをクリックした後に，合計を計算する「B6：F6」の範
囲をドラッグしてから Enter キーを押す．

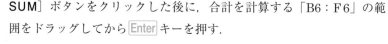

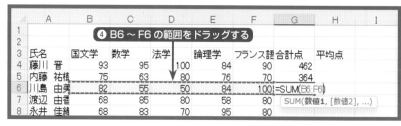

●平均の計算　　　平均を計算する．

❶ 藤川晋さんの点数の平均を入れるセル「H4」をクリックする．

❷ 次の数式を入力すると，平均が求められる．

$$= G4/5 \longleftarrow 平均点（合計点 G4 を科目数 5 で割る）$$

計算式の入力方法

計算式の入力は，次のようにして行う．

❶ 平均を入れるセル「H4」をクリックする．

❷ = キー（式を入力するときの記号）を押す．

❸ セル「G4」をクリックし， / キーを押す．

❹ キーボードから「5」を入力する．

❺ 最後に， Enter キーを押すと，次の式が入力され，平均が計
算される．

=G4/5

❸ 同様にして「H5:H8」の平均を求める．

●計算式の書き方　　　計算式は，計算式であることを示す記号「=」，演算
記号および計算する数値または数値が入っているセル番地から成り立つ．

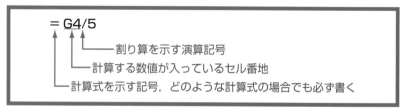

演算記号には，次のものがある．

+	たし算	*	かけ算	^	べき乗
-	引き算	/	割り算		

【計算式の例】

=B2 ＊ C2	セル「B2」と「C2」の数値の積を計算する
=B2 ＋ B3	セル「B2」と「B3」の数値の和を計算する
=D3/2	セル「D3」の数値を 2 で割る

4 計算表の保存・印刷・読み込み

　計算表の保存・印刷・読み込みの方法は，Word の文書の場合とほぼ同じである．

●**計算表の保存**　　例題 5-1 の計算表では，1 枚のシートしか使用していないが，複数のシートが含まれているときはそれらをまとめてブックとして保存する．

❶［ファイル］タブをクリックする．

❷［名前を付けて保存］をクリックする．

❸［参照］をクリックし，［USB ドライブ(E:)］を選択する．

❹［ファイル名(N)］にファイル名「例題 5-1」を入力し，［保存(S)］ボタンをクリックすると保存される．

●**計算表の印刷**　　印刷結果を印刷プレビューで確認した後，印刷する．

❶ プリンタが印刷可能状態にあることを確認する．

❷［ファイル］タブをクリックし，［印刷］をクリックする．

❸ 画面の右側に 1 ページに印刷される内容が表示される．

❹［印刷］をクリックすると，計算表が印刷される．

●**計算表の読み込み**　　保存した計算表を修正するなどの処理を行うときに，これをワークシートに読み込む．これには 2 つの方法がある．

方法 1 最近使ったファイルを開く場合

❶［ファイル］タブをクリックして，［開く］をクリックする．

❷［最近使ったアイテム］欄にファイル名が表示される．

❸ 開くファイル名をクリックする．

方法 2 ［最近使ったアイテム］欄にファイル名がない場合

❶［ファイル］タブ→［開く］をクリックする．

❷［参照］をクリックし，［USB ドライブ(E:)］を選択する．

❸ 計算表のファイル名をダブルクリックすると計算表が読み込まれる．

Advice

保存する USB メモリをあらかじめセットしておく．

Advice

ファイル名などの記入欄をリストボックスという．

Advice

印刷の方法は Word の場合と同じである．

Advice

今日，昨日，今週とファイルを使った日ごとに分類されて表示される．

Advice

［ファイル］タブから［ホーム］タブに戻るときは，画面左上の ⊕ をクリックする．

5 簡単な関数計算とコピー

平均などの計算は，データの数が多くなると，いままでの方法ではなかなか大変である．このようなときに使うと便利な関数について学ぶ．

例題 5-2　成績一覧表（2）

例題5−1の成績一覧表において，各科目別の平均点・最高点・最低点を求めなさい．

	A	B	C	D	E	F	G	H
1								
2								
3	氏名	国文学	数学	法学	論理学	フランス語	合計点	平均点
4	藤川　晋	93	95	100	84	90	462	92.4
5	内藤　祐植	75	63	80	76	70	364	72.8
6	川島　由美	82	55	50	84	100	371	74.2
7	渡辺　由香	68	85	80	58	80	371	74.2
8	永井　佳緒	68	83	70	95	80	396	79.2
9	平均点	77.2	76.2	76.0	79.4	84.0	392.8	78.6
10	最高点	93	95	100	95	100	462	92
11	最低点	68	55	50	58	70	364	73

●科目別平均点の計算　　SUM 関数を使って計算する．

❶ 成績一覧表を開き，平均点・最高点・最低点の欄を作成する．

❷ 「国文学」の平均点を入れるセル「B9」をクリックする．

❸ ［オート SUM］ボタン Σ の右のボタン ˅ をクリックする．

［オート SUM］ボタンは[ホーム]タブにある.

Advice

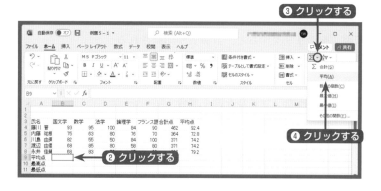

❹ ［平均（A）］を選択する．

❺ Enter キーを押す．

●科目別最高点・最低点の検索

❶ 「国文学」の最高点を入れるセル「B10」をクリックする．

❷ ［オート SUM］ボタン Σ の右のボタン ˅ をクリックする．

❸ メニューが表示されたら，［最大値（M）］を選択する．

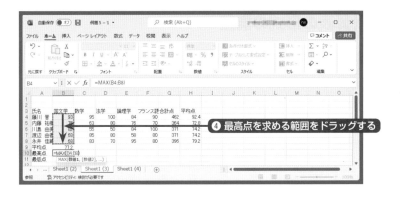

❸で[最大値(M)]を押すと，❹では「B4：B9」が範囲指定されるので，範囲指定をやり直す必要がある．

❹ 最高点を求める範囲「B4：B8」をドラッグし，Enter キーを押す．
同様にして，最低点を求める．

最低点は［最小値(I)］を選択する．

6 セルのコピー

国文学以外の平均点・最高点・最低点も求めたい．同じ操作をそれぞれ6回繰り返せばよいが，国文学の計算結果をコピーすると，容易に計算できる．

方法 1 国文学の平均点を数学，法学，論理学，フランス語，合計点，平均点の平均点のセルにコピーする．

❶ セル「B9」をクリックして，コピー元を指定する．
❷ ［ホーム］タブの［コピー］ボタン 🗋 をクリックする．
❸ セル範囲「C9：H9」をドラッグして，コピー先範囲を指定する．
❹ ［ホーム］タブの［貼り付け］ボタン 🗋 をクリックするとコピーされる．

方法 2 国文学の最高点・最低点をまとめてコピーする．

コピーが終わったら Esc キーを押すと，コピー元の指定が解除される．

❶ セル範囲「B10：B11」をドラッグして，コピー元を指定する．
❷ セルポインタをセル範囲の右下隅に移動すると，セルポインタの形が「＋」となる．

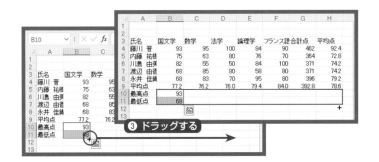

❸ ドラッグする

❸ コピー先「C10：H11」にドラッグするとコピーされる．

7 計算表の形式の調整

例題 5-3　表の形式

例題 5-2 で作成した成績一覧表の形式を次のように整えなさい.

	A	B	C	D	E	F	G	H
1				成績一覧表				
2								
3	氏名	国文学	数学	法学	論理学	フランス語	合計点	平均点
4	藤川　晋	93	95	100	84	90	462	92.4
5	内藤　祐樹	75	63	80	76	70	364	72.8
6	川島　由美	82	55	50	84	100	371	74.2
7	渡辺　由香里	68	85	80	58	80	371	74.2
8	永井　佳織	68	83	70	95	80	396	79.2
9	平均点	77.2	76.2	76.0	79.4	84.0	392.8	78.6
10	最高点	93	95	100	95	100	462	92.4
11	最低点	68	55	50	58	70	364	72.8

●四捨五入　　平均では，小数点以下を 1 桁表示し，それ以下を四捨五入したほうが見やすい.

 手　順

❶ 四捨五入する範囲「B9：H9」をドラッグして灰色に反転させる.

❷［ホーム］タブの［**小数点以下の表示桁数を増やす**］ボタン ⚋ をクリックする.

❸ 同様にして範囲「H10：H11」を四捨五入する.

●列幅の変更　　A 列の列幅を少し広げる.

 手　順

❶ 列幅を広げる列「A 列」と「B 列」の間をポイントする.

❷ セルポインタの形が ✛ となる.

❸ 左右にドラッグすると列幅が変わるので，若干余裕をもって広げておく.

●罫線　　表を見やすくするために罫線を引く.

手　順

❶ 罫線を引く範囲「A3：H11」をドラッグして範囲指定する.

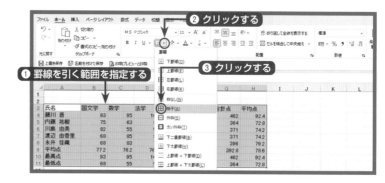

❷ で小数点以下 2 桁まで表示された場合は，［小数点以下の表示桁数を減らす］をクリックして調整する.

Advice

❷ では，［桁区切りスタイル］ボタン ， をクリックしてもよい.4 桁以上の数値のときには，3 桁ごとに「，」が入る.

```
12345.67
    ↓
12,346
```

また，［小数点以下の表示桁数を増やす］ボタン ⚋ をクリックすると小数点以下の桁数が増加する.
［小数点以下の表示桁数を減らす］ボタン ⚋ をクリックすると，小数点以下の桁数を 1 桁減らすことができる.

❷［ホーム］タブの［罫線］ボタン 田 の右のボタン ⌄ をクリックする.

❸ メニューから［格子(A)］田 をクリックする.

●文字位置の変更　　通常，文字はセル内に左寄せで，数値は右寄せで入力される．文字や数値の位置は，左，中央，右に変更できる．3行目の文字を中央揃えにする．

手　順

❶ 中央揃えを行う範囲「A3：H3」をドラッグする．

❷［ホーム］タブの［中央揃え］ボタン ≡ をクリックすると，中央揃えが行われる．

❸ 同様にしてセル範囲「A9：A11」の文字を中央揃えにする．

●範囲内の中央揃え　　タイトル文字を入力し，表の中央に配置する．

手　順

❶ セル「A1」に表のタイトル「成績一覧表」を入力する．

❷ セル「A1：H1」をドラッグして，範囲指定する．

❸［ホーム］タブの［セルを結合して中央揃え］ボタン 団 をクリックする．

Advice
≡ をクリックすると左揃えに，≡ をクリックすると右揃えとなる．

5・2　表計算のテクニック

いろいろな計算表を効率的に作成するためのテクニックについて学ぶ．

1 データの入力

例題 5-4　数値と文字の入力

各セルに次のようにデータを入力しなさい．

	A	B	C	D	E	F	G	H	I	J
1	1234567890	00123456								
2		相模原文 化大学								
3		東京文化大学								
4	令和4年3月28日	16時14分	10	20	30	40	50	60	70	80
5			1月	2月	3月	4月	5月	6月	7月	
6			日	月	火	水	木	金	土	

Advice
例題5-4では，［ファイル］タブ→［新規］→［空白のブック］をクリックして新しいブックを開く．

●数値の入力　　日本語入力あるいは直接入力のいずれの状態でも，数字のキーを押すことにより数値として半角で入力できるが，直接入力のほうが速く入力できる．また，セルの列幅より桁数の大きい数値を入力すると，自動的に列幅が広がる．

●数字の文字列入力　　「0123」のように，先頭に「0」を付けて入力するときには，数字を数値としてではなく，文字として入力する．このときには，数字の前にアポストロフィー「'」をつける．例えば，「00123456」のときには「'00123456」と打ち込むと，セルの左詰めで入力される．た

Advice
日本語入力状態をオフにし，文字が変換されない状態にして入力することを直接入力といい，このときには Enter キーを1回押すだけで入力できるが，日本語入力のときには Enter キーを2回押す必要がある．

だし，これは文字列であるから計算の対象にはならない．また，「1月」のように数字に文字が混入しているときには，アポストロフィー「'」をつけなくても文字として入力できる．

●**文字の折り返し入力**　全角や半角などの文字を打ち込むと，そのまま文字列として入力される．文字列の桁数がセルの列幅を超えた場合には，右隣のセルにまたがって表示される．このとき右隣のセルにデータを入力すると，それが優先され，列幅を超えた部分は表示されなくなる．このようなときには，文字列をセル幅で折り返して，複数行に分けて表示できる．

 手　順

❶ セル「B2」に「相模原文化大学」と入力する．

❷ ［ホーム］タブの［配置］の **⤢** をクリックして，「セルの書式設定」のダイアログボックスを開く．

❸ 「セルの書式設定」のダイアログボックスの［配置］タブにおいて，［**折り返して全体を表示する(W)**］をチェックし，［**OK**］ボタンをクリックすると，セルの行高が自動的に変わり，セル内に折り返して表示される．

❷〜❹では，［ホーム］タブの［折り返して全体を表示する］ボタン **⌂** をクリックしてもよい．

「セルの書式設定」のダイアログボックスの［方向］欄において，縦に書かれた［文字列］をクリックすると，文字を縦書きにすることができる．

●**文字の縮小入力**　指定したセル幅では文字がはみ出すとき，「セルの書式設定」のダイアログボックスにおいて，［**縮小して全体を表示する(K)**］をチェックしておくと，自動的に文字が縮小されセル内に収まるようになる．これは一部のセルの文字がセルを若干はみ出すときに用いるとよい．

●**文字の方向**　文字の向きを−90〜90度の範囲で指定できる．「セルの書式設定」のダイアログボックスにおいて，［**方向**］の欄に角度を−90〜90の範囲で入力すると，その角度に方向を変えられる．

●**日付と時刻の入力**　選択したセルに今日の日付と現在の時刻を次のようにして入力する．

今日の日付	Ctrl + ; （セミコロン）
現在の時刻	Ctrl + : （コロン）

次のようにすると，表示形式を変えることができる．

❶ 日付が入力されたセルを選択する.

❷「セルの書式設定」のダイアログボックスにおいて,[**表示形式**]タブを選択する.

❸[**分類(C)**]のリストボックスの中から[**日付**]を選択する.

❹[**カレンダーの種類(A)**]のボタン ∨ をクリックし,[**和暦**]を選択する.

❺[**種類(T)**]から[**平成 24 年 3 月 14 日**]を選択する.

❻[**OK**]ボタンをクリックすると,令和年月日の表示形式になる.

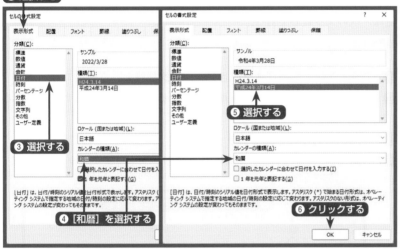

同様にして,時刻の表示形式も変更することができる.

●連続した数値の入力　1,2,3,… あるいは 10,20,30,… のように連続した数値は,コピー機能を使って,容易に入力することができる.

❶ 連続したセル「C4」に 10,「D4」に 20 を入力し,「C4:D4」をドラッグし,マウスポインタをセル「D4」の右下に移動すると形が「＋」に変わる.

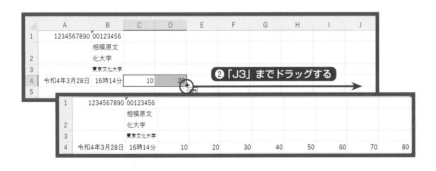

❷ マウスをセル「J4」までドラッグすると,30 ～ 80 の数値が入力される.

Advice

時刻の場合は,[表示形式]タブにおいて[時刻]→[13 時 30 分]を選択する.

●連続した月，曜日の入力　　1月から7月まで連続した月を入力する.

手　順

❶ セル「C5」に「1月」と入力する.

❷ マウスポインタをセル「C5」の右下に移動すると形が「＋」に変わる.

❸ セル「I5」までドラッグすると，連続した月が入力される.

同様に，セル「C6」に「日」と入力し，ドラッグすると連続した曜日が入力できる.

●アクティブセルの移動方向　　データを入力した後，Enter キーを押すと，アクティブセルは自動的に下のセルに移動する. データを列方向に入力する場合には，アクティブセルが右方向に移動したほうがよい. この設定は，次のようにして行う.

手　順

❶［ファイル］タブ→［オプション］→［詳細設定］を選択する.

❷［Enter キーを押したら，セルを移動する(M)］がチェックされていることを確認する.

❸［方向(I)］のボタン をクリックする.

❹［方向(I)］のメニューから［右］を選択し，［OK］ボタンをクリックする.

Advice
［ファイル］タブに［オプション］が表示されていない場合は，［その他］→［オプション］を選択すればよい.

●入力データの範囲指定　　データを入力するとき，入力できるデータの範囲を指定することができる. 例えば，学年のセルには1〜4の数値，金額のセルには20,000以下の数値しか入力できないように指定し，指定した範囲以外の数値を入力したときにはエラーメッセージを表示する.

また入力するデータの種類や日本語入力の「ON/OFF」の設定もできる.

例題 5-5　入力データの範囲指定

入試成績表における各科目の点数に，次の設定を行いなさい.
（1）データは整数値で，100点以下とする.
（2）100点を超える点数を入力したときには，エラーメッセージ「点数は100点以下です」を表示させる.
（3）日本語入力を「半角英数字」モードとする.

CHAPTER 5　Excelによる計算表とグラフの作成

手順

❶ 次の表を作成し，点数の範囲「B2：D4」をドラッグして範囲指定する．

	A	B	C	D	E
1	受験番号	英語	数学	国語	合計
2	101				
3	102				
4	103				

❷ ［データ］タブ→［データの入力規則］を選択する．

❸ 「データの入力規則」のダイアログボックスが表示されたら，［設定］タブをクリックする．

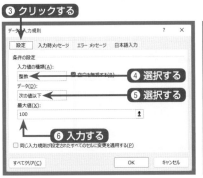

❹ ［入力値の種類(A)］では「整数」を選択する．

❺ ［データ(D)］では，「次の値以下」を選択する．

❻ ［最大値(X)］には，「100」を入力する．

❼ ［エラーメッセージ］タブをクリックし，［エラーメッセージ(E)］欄に「点数は 100 点以下です」と入力する．

❽ ［日本語入力］タブをクリックし，［半角英数字］を選択し，［OK］ボタンをクリックする．

Advice

ここで［入力時メッセージ］タブを選択してセルの選択時に表示するメッセージを設定しておくと，入力時に入力データの説明を表示できる．

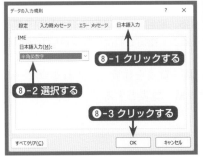

❾ これでデータの入力規則が設定できた．この表に点数を入力するとき，間違って 100 点を超える数値を入力すると，エラーメッセージが表示されるので，［再試行(R)］ボタンをクリックした後に正しい点数を入力する．

2 コピーと移動

入力したデータをセル単位，行単位，列単位でコピーあるいは移動できる．

例題 5-6　セルのコピー

次のような成績一覧表を作成しなさい．後期の成績一覧表は，前期の表をコピーし，各学生の5科目の点数を訂正しなさい．

	A	B	C	D	E	F	G	H
1				成績一覧表				
2	前期							
3	氏名	国文学	数学	法学	論理学	フランス語	合計点	平均点
4	藤川　晋	93	95	100	84	90	462	92
5	内藤　祐樹	75	63	80	76	70	364	73
6	川島　由美	82	55	50	84	100	371	74
7	渡辺　由香里	68	85	80	58	80	371	74
8	永井　佳織	68	83	70	95	80	396	79
9	平均点	77	76	76	79	84	393	79
10	最高点	93	95	100	95	100	462	92
11	最低点	68	55	50	58	70	364	73
12								
13				成績一覧表				
14	後期							
15	氏名	国文学	数学	法学	論理学	フランス語	合計点	平均点
16	藤川　晋	95	100	95	100	95	485	97
17	内藤　祐樹	70	72	80	90	74	386	77
18	川島　由美	87	63	56	84	100	390	78
19	渡辺　由香里	64	81	92	76	90	403	81
20	永井　佳織	72	90	65	100	82	409	82
21	平均点	78	81	78	90	88	415	83
22	最高点	95	100	95	100	100	485	97
23	最低点	64	63	56	76	74	386	77

●**範囲の指定**　　セル・行・列などのコピー，移動および印刷などを行う場合には，コピーなどを行うセル・行・列などの範囲を指定する．これは各種の操作に共通する事項である．

セルの範囲指定	指定する範囲の一端からドラッグして，指定範囲を灰色に反転させる．
行の範囲指定	ワークシートの左端の行番号をポイントすると，マウスポインタの形は➡となる．範囲指定する行の開始行から終了行までをドラッグすると，指定された行が灰色に反転する．
列の範囲指定	ワークシートの上端の列番号をポイントすると，マウポインタの形は↓となる．範囲指定する列の開始列から終了列までをドラッグすると，指定された列が灰色に反転する．

Advice

例題5-3で作成した表を前期の表として転用してもよい．

●**セルのコピー**　　まず前期の成績一覧表を作成し，これをコピーして，各学生の点数を書き換え，後期の成績一覧表とする．

❶ 前期の成績一覧表を作成する．

❷ コピーするセル範囲を指定し，マウスポインタをセル範囲の枠に合わせ，Ctrl キーを押すとマウスポインタの形が となる．

Advice

❷では，マウスポインタの右上に ＋ が付くことに注意する．

❸ Ctrl キーを押しながらドラッグし，コピー先でドロップするとコピーされる．

❹ 後期の点数を入力する.

●複数のセルへのコピー　　セルの内容を複数のセルにコピーしたり, 別のシートやブックにコピーすることもできる. この場合は [ホーム] タブのコピーと貼り付けを使う. これが一般的なコピーの方法である. この方法で例題 5-6 のコピーを行う.

❶ コピーするセル範囲を指定する.

❷ [ホーム] タブの [コピー] ボタン 🗈 をクリックする.

❸ コピー先のセル範囲の左上端のセルをクリックする.

❹ [ホーム] タブの [貼り付け] ボタン 🗈 をクリックする.

❺ さらに, 他のセルにコピーするときには, ❸と❹の操作を続ける. コピーを終了するときには, Esc キーを押す.

●セルの移動　　セルの移動の操作は, セルのコピーとほぼ同じである.

❶ 移動するセル範囲を指定する.

❷ [ホーム] タブの [切り取り] ボタン ✂ をクリックする.

❸ 移動先のセル範囲の左上端のセルをクリックする.

❹ [ホーム] タブの [貼り付け] ボタン 🗈 をクリックすると移動される.

Advice

移動するセル範囲を指定し, Ctrl キーを押さないでドラッグしてもよい.

3 行と列の挿入

表を作成してから行や列を挿入することがある.

例題 5-7　行の挿入

　　例題 5-3 で作成した成績一覧表において, 1 人の学生のデータを追加しなさい.

	A	B	C	D	E	F	G	H
1				成績一覧表				
2								
3	氏名	国文学	数学	法学	論理学	フランス語	合計点	平均点
4	藤川　晋	93	95	100	84	90	462	92
5	内藤　祐樹	75	63	80	76	70	364	73
6	川島　由美	82	55	50	84	100	371	74
7	渡辺　由香里	68	85	80	58	80	371	74
8	永井　佳織	68	83	70	95	80	396	79
9	山本　好文	65	70	82	85	100	402	80
10	平均点	75	75	77	80	87	394	79
11	最高点	93	95	100	95	100	462	92
12	最低点	65	55	50	58	70	364	73

●行の挿入　　8 行目の後に 1 行追加する.

❶ 行番号「9」をクリックし, 挿入位置と挿入する行数を指定する.

❷ [ホーム] タブの [挿入] ボタン ▦ をクリックする.

Advice

複数行を挿入するときは行番号をドラッグする.

❸ 8 行目の後に 1 行挿入できる.

❹ 1 人分のデータを入力すると,合計点,最高点,最低点は自動的に再計算される.

●行の削除　　不要な行を削除する.

❶ 削除する行の行番号をクリックする.

❷ [ホーム] タブの [削除] ボタン をクリックすると,指定した行を削除できる.

●列の挿入と削除　　行の挿入・削除とほぼ同じである.

❶ 挿入する位置の列番号をクリックし,[挿入] ボタン をクリックする.

❷ 削除する列の列番号をクリックし,[削除] ボタン をクリックする.

4 セルの絶対参照

割合を計算し,計算式を他のセルにコピーするときなどには,セルの絶対参照が必要となる.

❓ 例題 5-8　割合の計算

次の表は,過去 3 年間の業種別就職者数を示したものである.業種別の割合を次のように百分率（%）で表しなさい.

	A	B	C	D	E	F
1	業種別就職者数					
2						
3	就職先	2019年	2020年	2021年	合計	割合(%)
4	流通業	76	74	68	218	19.8%
5	製造業	52	58	53	163	14.8%
6	金融業	40	47	41	128	11.6%
7	サービス業	91	79	77	247	22.5%
8	マスコミ	15	13	16	44	4.0%
9	建設業	22	26	28	76	6.9%
10	その他	81	77	66	224	20.4%
11	合計	377	374	349	1100	100.0%

●割合の計算とセルの絶対参照

❶ 2019 年～ 2021 年の業種別就職者数を入力し,合計人数を計算する.

❷ セル「F4」に次の式を書き込むと,流通業の割合が計算できる.

> ＝ E4/E11　（割合 ＝ 流通業の合計／合計の合計）

次に「F4」の式を「F5：F11」にコピーすれば,各業種別の就職者数の割合が計算できそうであるが,そうはいかない.「F4」の式を「F5」にコピーすると,「F5」の式は「＝ E5/E11」とならなければいけないが,行

が1行ずつずれて「＝ E5 / E12」となってしまう．

「F4」の式を「F5：F11」にコピーしたとき，「E11」を固定し，「E4」だけを「E5 ～ E11」と変わるようにすればよい．

このときは，セル番地「E11」に「$」記号をつけて，「$E$11」とする．したがって，「F4」の式を次のようにする．

```
= E4 / $E$11
```

「$」記号のついたセルを**絶対参照**という．

計算式で使うセルをマウスで指定するときは，セルをクリックして指定した後，[F4] キーを押すとそのセルは絶対参照となる．

次に，「F4」の式を「F5：F11」にコピーする．

●**パーセント表示** 以上の計算結果をパーセントで表示する．

❶ 割合のセル範囲「F4：F11」をドラッグして反転表示させ，[**ホーム**] タブの [**パーセントスタイル**] ボタン ％ をクリックする．

❷ [**小数点以下の表示桁数を増やす**] ボタン ⇦ をクリックする．

5 行の高さ・列幅・セルの書式・罫線の変更

 例題 5-9　　書式の設定

例題5-8で作成した業種別就職者数の表を，次のように変更しなさい．

	A	B	C	D	E	F
1			業種別就職者数			
2						
3	就職先	年別			合計	割合(%)
4		2019年	2020年	2021年		
5	流通業	76	74	68	218	19.8%
6	製造業	52	58	53	163	14.8%
7	金融業	40	47	41	128	11.6%
8	サービス業	91	79	77	247	22.5%
9	マスコミ	15	13	16	44	4.0%
10	建設業	22	26	28	76	6.9%
11	その他	81	77	66	224	20.4%
12	合計	377	374	349	1100	100.0%

●**行の高さの変更** 行の高さや列幅を標準値より変更して，見やすくすることができる．

❶ 変更する行の行番号をドラッグして，行範囲を指定する．

❷ マウスポインタをいずれかの行番号の下部に移動すると，マウスポインタの形が ╪ となる．

[ホーム] タブの [小数点以下の表示桁数を増やす] ボタン ⇦ を1回クリックするたびに小数点以下の桁数が1桁ずつ増加し，[小数点以下の表示桁数を減らす] ボタン ⇨ をクリックするたびに1桁減少する．

Advice

行の高さを正確に指定するには，次のようにする．

❶ 変更する行の範囲を指定する．

❷ 行番号の上で右クリックする．

❸ [行の高さ(R)] を選択する．

❹ 行の高さを書き込む．

❺ [OK] ボタンをクリックする．

同様にして，列幅も正確に指定できる．

業種別就職者数					
就職先	2019年	2020年	2021年	合計	割合(%)
流通業	76	74	68	218	19.8%
製造業	52	58	53	163	14.8%
金融業	40	47	41	128	11.6%
サービス業	91	79	77	247	22.5%
マスコミ	15	13	16	44	4.0%
建設業	22	26	28	76	6.9%
その他	81	77	66	224	20.4%
合計	377	374	349	1100	100.0%

❸ そのまま上または下にドラッグして変更する.

●列幅の変更

手 順

❶ 変更する列の列番号をドラッグして，列範囲を指定する.

❷ マウスポインタをいずれかの列番号の右端に移動すると，マウスポインタの形が ✛ となる.

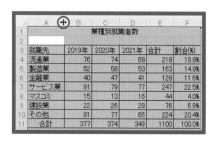

❸ 左右にドラッグすると，列幅を変更できる.

●セル内の文字位置の変更　　セル内の文字の列方向の位置の変更については 59 ページで学んだが，行方向の上揃え・上下中央揃え・下揃えなどの設定もできる.

　行の高さを変えたとき，セルのデータは行の中央揃えで表示されているが，これを行の上揃えあるいは下揃えで表示することができる.

❶ 行位置を変更するセル範囲，行範囲または列範囲を指定する.

❷ ［ホーム］タブの［下揃え］ボタン ≡ をクリックすると，下揃えができる.

❸ ［上揃え］ボタン ≡ をクリックすると，上揃えができる.

❹ ［上下中央揃え］ボタン ≡ をクリックすると，セルの中央に揃えられる.

●セルの結合　　複数のセルを結合し，１つのセルと同じように取り扱うことができる. これを使うと複数の行や列にまたがるデータを入力することができる.

手順

❶ 3行目に1行挿入する.

❷「A3：A4」を範囲指定する.

❸「セルの書式設定」のダイアログボックスにおいて，[配置] タブを選択する.

❹ [文字の制御] の [セルを結合する(M)] をチェックする.

❺ [横位置(H)] と [縦位置(V)] を中央揃えにしておく.

 Advice

❸，❹では，「A3：A4」を範囲指定し，[ホーム] タブの [セルを結合して中央揃え] ボタン 🔲 をクリックしてもよい.

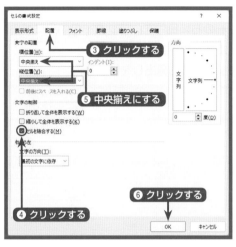
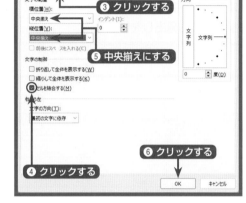

❻ [OK] ボタンをクリックすると，2つのセルが結合される.

❼「就職先」が結合されたセルの中央に表示される.

❽ 同様にして，セル「B3：D3」「E3：E4」「F3：F4」を結合し，横位置と縦位置の中央揃えを行い，「B3」に文字列「年別」を入力する.

●セルの結合の解除　　セル結合を解除するときには，解除するセル範囲を指定し，「セルの書式設定」のダイアログボックスにおいて，[セルを結合する(M)] のチェックを解除する.

●罫線の変更　　　罫線を引き直す.

 Advice

解除するセル範囲を指定し，[セルを結合して中央揃え] ボタン 🔲 をクリックしてもよい.

 手順

❶「A3：F12」を範囲指定し，[ホーム] タブの [罫線] ボタンの中から [太い外枠(T)] を選択する.

❷「A4：F4」を範囲指定し，[下二重罫線(B)] を選択する.

❸ 同様にして，他の罫線を変更する.

6 印刷の設定

見やすい印刷結果を得るために，いろいろな設定の方法について説明する.

例題 5-10 印刷の設定

都道府県別面積・人口・人口密度・平均年収・県花・県木・県鳥
一覧表（ファイル名「都道府県別データ」）を開き，次のように設定
して印刷しなさい．

(1) 用紙サイズ：A4　用紙方向：縦　印刷倍率：100%
(2) 上余白：2.5　下余白：2.5　左余白：1.5　右余白：1.5
　　水平に中央印字
(3) ヘッダーの右に日付を，フッターの中央にページ番号，右に
　　ファイル名を印字する．
(4) 2 ページ以降にも見出しを付ける．

●ページと余白の設定　　用紙サイズ，用紙方向，余白などの設定を行う．

 手　順

❶「都道府県別面積・人口・人口密度・平均年収・県花・県木・県鳥一覧
　表」を開く．

❷［ページレイアウト］タブの［ページ設定］グループの右下のボタン ▫
　をクリックし，ダイアログボックスを表示する．

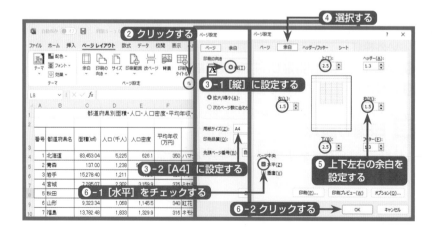

❸ ［ページ］タブにおいて，［印刷の向き］を［縦(T)］，［用紙サイズ(Z)］を［A4］に設定する．

❹ ［余白］タブを選択する．

❺ 余白を設定する．

❻ ［水平(Z)］をチェックしておき，［OK］ボタンをクリックする．

●ヘッダーとフッターの設定　　ページの上下に日付やページなどいろいろな文字の印刷を設定する．

Advice

［ページレイアウト］タブの［印刷の向き］ボタン🗋をクリックすると，印刷の向きが，また，［用紙サイズ］ボタン🗋をクリックすると，用紙サイズを設定できる．また，［余白］ボタン🗋をクリックすると，［標準］［狭い］［広い］の余白に設定できる．

手順

❶ 「ページ設定」のダイアログボックスにおいて［ヘッダー / フッター］タブをクリックする．

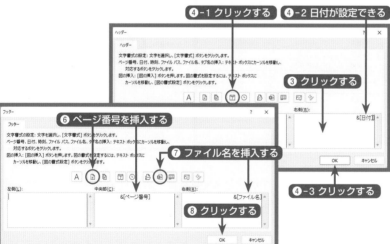

❷ ［ヘッダーの編集(C)］ボタンをクリックする．

❸ ［右側(R)］のテキストボックスをクリックする．

❹ ［日付の挿入］ボタン 🗓 をクリックすると，用紙の右上端に日付のヘッダーが設定できる．確認したら［OK］ボタンをクリックする．

❺ 「ページ設定」ダイアログボックスに戻ったら，［フッターの編集(U)］ボタンをクリックする．

❻ ［中央部(C)］のテキストボックスをクリックし，次に［ページ番号の挿入］🗋 をクリックして中央にページ番号を設定する．

❼ [右側(R)] のテキストボックスをクリックし，次に [ファイル名の挿入] 📷 をクリックして右側にファイル名を設定する．

❽ [OK] ボタンをクリックする．

●シートの設定　　表が 2 ページ以上になるとき，2 ページ以降にも見出しを付けたい．この操作はシートの設定により行う．

❶ [ページレイアウト] タブの [印刷タイトル] をクリックし，「ページ設定」のダイアログボックスを表示させ，[シート] タブを選択する．

❷ [印刷範囲(A)] のテキストボックスをクリックし，シート上で印刷したい範囲「A1：I51」をドラッグする．

Advice

❸において 3 行目の行番号をクリックすると，3 行目だけがタイトル行として印刷される．

❸ [タイトル行(R)] のテキストボックスをクリックした後，見出しの 1 ～ 3 行の行番号をドラッグすると，「\$1：\$3」と書き込まれる．

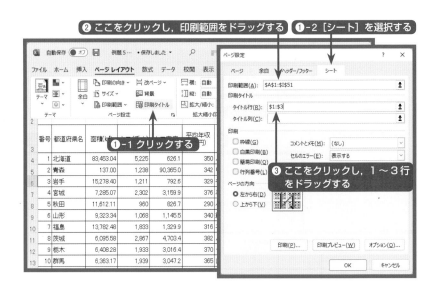

また，このダイアログボックスでは印刷範囲，列のタイトル，セルの枠線，罫線を印刷しない簡易印刷，行と列の番号の印刷などの設定ができる．

●改ページ　　数ページにわたる表のときには，ページの終わりに達した行で改ページされるが，Excel では，任意の行でページを変えることができる．

Advice

列数が多く，1 枚の用紙に収まらないときには，印刷の向きを横にする．または印刷設定で「すべての列を 1 ページに印刷」を選択する．

❶ 改ページする行の次の行の行番号をクリックする．

❷ [ページレイアウト] タブ→ [改ページ] ボタン ⊟ → [改ページの挿入(I)] をクリックする．

7 シートのコピーとシート名の変更

例題 5-11 シートのコピー

例題5-6の成績一覧表において，前期分を「Sheet1」に作成し，
このシートをコピーして，後期分を作りなさい．また，「Sheet1」
「Sheet1(2)」のシート名をそれぞれ「前期」「後期」と変えなさい．

●シートのコピー　　成績一覧表を作成するときなど，前期・後期別にそ
れぞれ別のシートにしたほうが管理しやすい．このとき，「Sheet1」に氏名，
科目名，必要な計算式，罫線などの成績一覧表の枠組みを作成し，これを
コピーし，各シートにそれぞれ点数を入力するとよい．

手 順

❶ 「Sheet1」に前期の成績一覧表を作成する．
❷ シート名「Sheet1」を Ctrl キーを押しながら右にドラッグすると
「Sheet1(2)」というシート名で新たにシートが作成される．

Advice

例題5-3で作成した
表を前期の表として転
用してもよい．

	A	B	C	D	E	F	G	H	I
1				成績一覧表					
2	前期								
3	氏名	国文学	数学	法学	論理学	フランス語	合計点	平均点	
4	藤川　晋	93	95	100	84	90	462	92	
5	内藤　祐樹	75	63	80	76	70	364	73	
6	川島　由美	82	55	50	84	100	371	74	
7	渡辺　由香里	68	85	80	58	80	371	74	
8	永井　佳織	68	83	70	95	80	396	79	
9	平均点	77	76	76	79	84	393	79	
10	最高点	93				この位置に新しいシートが作成される	462	92	
11	最低点	68	55	50	58	70	364	73	
12									

Sheet1

準備完了 アクセシビリティ: 問題ありません

❷ Ctrl キーを押しながらドラッグする

このとき，マウスポインタは となる．

●シート名の変更　　シートコピーをすると，前期と後期の成績一覧表の
シートには，「Sheet1」「Sheet1(2)」とシート名がつけられている．これ
ではわかりにくいので，各シートのシート名を「前期」「後期」と変更する．

Advice

マウスポインタに「＋」
がつくことに注意す
る．「＋」がついてい
ないと移動になる．

手 順

❶ シート見出し「Sheet1」をダブルクリックする．
❷ シート名（Sheet1）が灰色に反転するので「前期」と入力する．

| 11 | 最低点 | 68 | 55 | 50 | 58 | 70 | 364 | 73 |
| 12 | | | | | | | | |

Sheet1　　Sheet1 (2)　　⊕

準備完了 アクセシビリティ: 問題ありません

❶ ❷ ダブルクリックして「前期」と書き込む

❸ 同様にしてシート名「Sheet1(2)」を「後期」と変更する．

Advice

❶では，シート見出し
「Sheet1」上で右ク
リックして，［名前の
変更(R)］をクリック
してもよい．

8 ウィンドウ枠の固定

例題 5-12 ウィンドウ枠の固定

都道府県別学級数別学校数（文部科学省作成）を開き，常時見出し行を表示するようにしなさい．

大きな表において，データの入力・編集を行うとき，画面をスクロールすると，行や列の見出しが消え，作業しにくくなる．このときフィールド名など見出しを固定しておくと便利である．これが**ウィンドウ枠の固定**である．これには，ウィンドウ枠の固定，先頭行の固定，先頭列の固定がある．

●ウィンドウ枠の固定　　見出し行と都道府県名の列を固定する．

❶ 表示しておきたい行と都道府県名の列の交点のセル「D4」をクリックする．

❷ ［表示］タブ→［ウィンドウ枠の固定］をクリックする．

❸ ［ウィンドウ枠の固定(F)］を選択する．

●先頭行の固定　　先頭行を固定する．

❶ ［表示］タブ→［ウィンドウ枠の固定］をクリックする．

❷ ［先頭行の固定(R)］を選択する．

❸ 先頭行が固定され，行方向にスクロールしても常に表示される．

●先頭列の固定　　都道府県名の列を固定する．

❶ ［表示］タブ→［ウィンドウ枠の固定］をクリックする．

❷ ［先頭列の固定(C)］を選択する．

●ウィンドウ枠固定の解除　　［表示］タブ→［ウィンドウ枠の固定］→［ウィンドウ枠固定の解除(F)］を選択する．

先頭行の固定は，見出し行が先頭行の場合に使用できる．

行の固定が行われているときには，固定を解除してから列の固定を行う．

「D4」をクリックし［ウィンドウ枠の固定］をクリックすると，1～3行と1～3列が固定される．

5・3 関数の使い方

合計・平均・最大・最小を求める関数など，簡単な関数についてはすで
に学んだが，Excel には，このほか多数の関数がある．

1 関数の概要

関数は，ワークシート上で1つの式として扱われる．すなわち，セルに
式やデータと同じように書き込む．関数の書式は次のようになっている．

書式 ＝関数名（引数1，引数2，…，引数n）

＝関数名	RANK（順位）や SUMIF（選択合計）など関数の名前である．「＝」は関数が始まることを示す．
引数	関数で処理する対象となるものである．引数の数は関数により異なる．引数には次のものがある．

① 数値：ワークシートで扱える数値を引数とする．
② 文字列：" " で囲んだ文字を文字列といい，引数とする．
③ セル番地・範囲・名前：セル番地と範囲を引数とすると，そのセルにあるデータが引数となる．名前を引数とすると，名前で指定された範囲のセルのデータが引数となる．
④ 式・関数：式や関数で処理された結果が引数となる．

Advice
本書では，名前については省略する．

Excel では，関数の使い方についてのマニュアルは用意されていないの
で，使い方はヘルプを使って調べる．例えば，RANK 関数の使い方を調
べるには，次のようにする．

手順

❶ 数式バーの横の［関数の挿入］ボタン *fx* をクリックする．

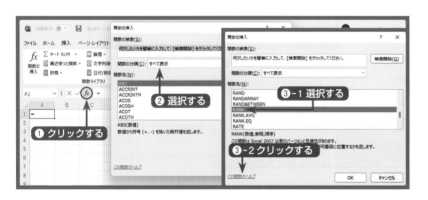

❷ 「関数の挿入」のダイアログボックスにおいて，「すべて表示」を選択
すると，すべての関数がアルファベット順に表示される．

❸ 「RANK」を選択し，［この関数のヘルプ］をクリックすると，「RANK
関数」の使い方が表示される．

Advice
❷では，［関数の検索
(S)］に「RANK」と
入力し，［検索開始(G)］
をクリックしてもよ
い．

2 順位を求める　RANK 関数

RANK 関数は，ある範囲内での順位を求める関数である．

 例題 5-13　順位付け

例題 5-9 で作成した業種別就職者数の表において，業種別就職者数の順位を求めなさい．

	A	B	C	D	E	F	G
1			業種別就職者数				
2							
3	就職先	年別			合計	割合(%)	順位
4		2019年	2020年	2021年			
5	流通業	76	74	68	218	19.8%	3
6	製造業	52	58	53	163	14.8%	4
7	金融業	40	47	41	128	11.6%	5
8	サービス業	91	79	77	247	22.5%	1
9	マスコミ	15	13	16	44	4.0%	7
10	建設業	22	26	28	76	6.9%	6
11	その他	81	77	66	224	20.4%	2
12	合計	377	374	349	1100	100.0%	

書式　＝ RANK（数値，参照，順序）

数値	範囲内での順位を調べる数値または数値が入っているセルを指定
参照	順位を調べる範囲を指定
順序	昇順か降順かを指定．０のときは降順（大→小），１のときは昇順（小→大），省略すると降順となる

この関数では，同数のときには，同じ順位となる．

❶ 例題 5-9 の表を開き，順位記入欄を作り，表を整える．

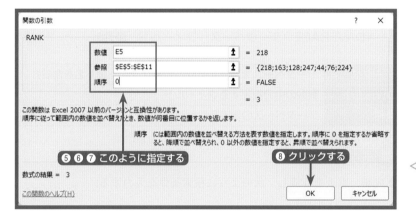

❷ 順位を記入する最初のセル「G5」をクリックする.

❸ [関数の挿入] ボタン fx をクリックする.

❹ [RANK] を選択し, [OK] ボタンをクリックする.

関数の引数			
RANK			
数値	E5	↕	= 218
参照	$E$5:$E$11	↕	= {218;163;128;247;44;76;224}
順序	0	↕	= FALSE
			= 3

この関数は Excel 2007 以前のバージョンと互換性があります.
順序に従って範囲内の数値を並べ替えるとき, 数値が何番目に位置するかを返します.

　　　　　順序　には範囲内の数値を並べ替える方法を表す数値を指定します. 順序に 0 を指定するか省略すると, 降順で並べ替えられ, 0 以外の数値を指定すると, 昇順で並べ替えられます.

❺❻❼ このように指定する　　　　　　❽ クリックする

数式の結果 = 3

この関数のヘルプ(H)　　　　　　　　　　OK　　　キャンセル

❺ [数値] のテキストボックスを指定し, セル「E5」をクリックする.

❻ [参照] のテキストボックスを指定し,「$E$5:$E$11」を絶対参照で指定する.

❼ [順序] のテキストボックスを指定し,「0」を入力する.

❽ [OK] ボタンをクリックすると, 流通業の順位が求められる.

❾ セル「G5」の関数をセル「G6:G11」にコピーする.

③ データベース関数を使う　DAVERAGE 関数

　データベース関数は, 多数のデータの中から指定した条件に適合するデータのみを対象として処理する関数である. ここでは平均を求める DAVERAGE 関数について取り扱うが, このほか DSUM 関数（合計）, DMAX 関数（最大）, DMIN 関数（最小）, DVAR 関数（分散）, DSTDEV 関数（標準偏差）などがある.

Advice

❹ では [関数の分類 (C)] → [すべて表示] → [RANK] を選択してもよい. また, 一度使用した関数は fx をクリックすると, [最近使った関数] に表示されている.

Advice

❻では, F4 キーを押しても絶対参照を指定できる.

Advice

❼では, 割合の高い順を求めるので「0」を入力する.「0」は省略してもよい.

Advice

データベースについては, 84 ページを参照.

例題 5-14 選択平均

次のような成績一覧表において，各科目と合計点の男女別の平均
点を求めなさい．

	A	B	C	D	E	F	G	H
1				成績一覧表				
2								
3	氏名	性別	国文学	数学	法学	論理学	フランス語	合計点
4	藤川 晋	男	93	95	100	84	90	462
5	内藤 祐樹	男	75	63	80	76	70	364
6	川島 由美	女	82	55	50	84	100	371
7	渡辺 由香里	女	68	85	80	58	80	371
8	永井 佳織	女	68	83	70	95	80	396
9	中田 好文	男	92	77	70	86	60	385
10	鈴木 剛	男	75	85	90	58	70	378
11	大谷 ひとみ	女	68	83	60	76	90	377
12	夏野 真一	男	92	63	70	84	60	369
13	飯島 夏子	女	82	85	100	95	90	452
14	男子平均		85.4	76.6	82	77.6	70	391.6
15	女子平均		73.6	78.2	72	81.6	88	393.4

男女別に平均を求めるには，データベース関数 **DAVERAGE** を用いる．
この関数の書式を次に示す．

書式 =DAVERAGE （データベース，フィールド，条件）

データベース	データベースを構成するセル範囲（フィールド名を含む）
フィールド	関数の中で指定するフィールド
条件	データベースの検索条件が指定されているセル範囲

 手順

❶ 成績一覧表を作成し，次のように検索条件を入力する．

	A	B	C	D	E	F	G	H	I	J	K
1				成績一覧表							
2										検索条件	
3	氏名	性別	国文学	数学	法学	論理学	フランス語	合計点		性別	性別
4	藤川 晋	男	93	95	100	84	90	462		男	女
5	内藤 祐樹	男	75	63	80	76	70	364			
6	川島 由美	女	82	55	50	84	100	371			
7	渡辺 由香里	女	68	85	80	58	80	371			
8	永井 佳織	女	68	83	70	95	80	396			
9	中田 好文	男	92	77	70	86	60	385			
10	鈴木 剛	男	75	85	90	58	70	378			
11	大谷 ひとみ	女	68	83	60	76	90	377			
12	夏野 真一	男	92	63	70	84	60	369			
13	飯島 夏子	女	82	85	100	95	90	452			
14	男子平均										
15	女子平均										

❶ 検索条件を入力する

 ❷ クリックする

Advice

❸ では，ƒx→［すべて表示］→［DAVERAGE］で関数を開く．

❷ 男子の「国文学」の点の平均が入るセル「C14」をクリックする．
❸ データベース関数「DAVERAGE」のダイアログボックスを開く．
❹ ［データベース］には，性別〜合計点の範囲「\$B\$3:\$H\$13」を絶対参照で指定する．
❺ ［フィールド］には，国文学のセル「C3」を指定する．
❻ ［条件］には，検索条件の男のセル「\$J\$3:\$J\$4」を絶対参照で指定する．
❼ ［OK］ボタンをクリックすると，男子の国文学の点の平均が求められる．

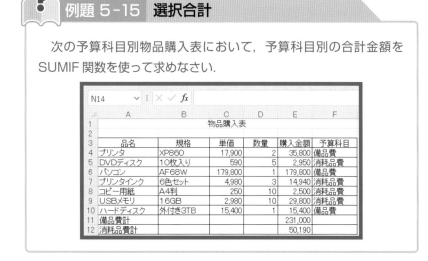

関数の引数			?	×
DAVERAGE				

データベース	$B$3:$H$13	⬆	=	{"性別","国文学","数学","法学","論理学",...
フィールド	C3	⬆	=	"国文学"
条件	$J$3:$J$4	⬆	=	$J$3:$J$4
			=	85.4

データベースの指定された列を検索し、条件を満たすレコードの平均値を返します。

データベース にはリストまたはデータベースを構成するセル範囲を指定します。データベースはデータを関連付けたリストです。

❹❺❻ このように指定する　　　❼ クリックする

数式の結果 = 85.4

この関数のヘルプ(H)　　　　　　　　　　　　　OK　　キャンセル

このとき，セル「C14」には，次の式が書き込まれている.

=DAVERAGE($B$3:$H$13,C3,$J$3:$J$4)

❽ 同様にして，女子の国文学の点の平均が入るセル「C15」に次の関数を入力する.

=DAVERAGE($B$3:$H$13,C3,$K$3:$K$4)

❾「C14：C15」の式を「D14：H15」にコピーする.

4 選択合計　SUMIF 関数

多数の関数のうち，よく使用される SUMIF 関数を使ってみよう．これは条件を満たす項目の合計を求めるものである.

例題 5-15　選択合計

次の予算科目別物品購入表において，予算科目別の合計金額を SUMIF 関数を使って求めなさい.

	A	B	C	D	E	F
1			物品購入表			
2						
3	品名	規格	単価	数量	購入金額	予算科目
4	プリンタ	XP860	17,900	2	35,800	備品費
5	DVDディスク	10枚入り	590	5	2,950	消耗品費
6	パソコン	AF68W	179,800	1	179,800	備品費
7	プリンタインク	6色セット	4,980	3	14,940	消耗品費
8	コピー用紙	A4判	250	10	2,500	消耗品費
9	USBメモリ	16GB	2,980	10	29,800	消耗品費
10	ハードディスク	外付き3TB	15,400	1	15,400	備品費
11	備品費計				231,000	
12	消耗品費計				50,190	

この SUMIF 関数の書式を次に示す.

書式　= SUMIF（範囲，検索条件，合計範囲）

範囲	検索条件の対象となるデータのセル範囲を指定
検索条件	検索条件を数値，式または文字列で指定
合計範囲	合計を求める数値の範囲を指定

手順

❶ 予算科目別物品購入表を作成する．

❷「備品費」の合計を入れるセル「E11」をクリックする．

❸［関数の挿入］ボタン *fx* をクリックする．

❹「SUMIF」関数のダイアログボックスを表示させる．

❺［範囲］に，「予算科目」のデータ欄「F4：F10」をドラッグし指定する．

❻［検索条件］に，「備品費」のデータ欄「F4」を指定する．

❼［合計範囲］に，「金額」のデータ欄「E4：E10」を指定する．

❽「数式の結果」を確認した後，［OK］ボタンをクリックする．

❾ 同様にして，「消耗品費」の合計を計算する．

Advice

❺ では，フィールド名「予算科目」は除く．
❻ では，「備品費」のデータ欄であればどこでもよい．
また，条件には数式を記入することもできる．例えば単価が10,000 円以上の物品の合計購入金額を求めるときには，次のように指定する．

範囲	C4：C10
検索条件	">=10000"
合計範囲	E4：E10

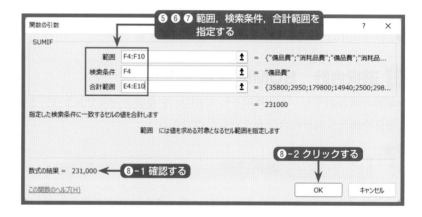

❺❻❼ 範囲，検索条件，合計範囲を指定する

関数の引数   ? ×

SUMIF

範囲   F4:F10   ↑ = {"備品費";"消耗品費";"備品費";"消耗品...
検索条件 F4   ↑ = "備品費"
合計範囲 E4:E10   ↑ = {35800;2950;179800;14940;2500;298...

= 231000

指定した検索条件に一致するセルの値を合計します

範囲　には値を求める対象となるセル範囲を指定します

❽-2 クリックする

数式の結果 ＝ 231,000 ◀── ❽-1 確認する

この関数のヘルプ(H)   OK   キャンセル

⑤ 条件により処理を変える　IF 関数

IF 関数により条件を判断して処理を変えることができる．

書式 ＝ IF（論理式，［真の場合］，［偽の場合]）

論理式	条件式を指定する
真の場合	条件を満たしたときに返す値を指定する
偽の場合	条件を満たさないときに返す値を指定する

次の合格判定表において，合格判定欄に合計点が 300 点以上の
ときは「合格」，300 点未満のときは「不合格」と書き込みなさい．

	A	B	C	D	E	F	G	H	I
1				合格判定表					
2									
3	受験番号	氏名	国語	英語	数学	理科	社会	合計	合格判定
4	101	渡辺　晴彦	80	80	90	80	60	390	合格
5	102	香川　純一	50	60	70	70	60	310	合格
6	103	斉藤　真由美	90	40	50	60	50	290	不合格
7	104	永島　みどり	40	40	50	60	50	240	不合格
8	105	山田　幸司	90	50	40	50	50	280	不合格
9	106	鈴木　由里	40	60	90	90	80	360	合格
10	107	瀬川　慎二	80	50	80	80	60	350	合格
11	108	内藤　ひとみ	70	50	40	60	60	280	不合格
12	109	土屋　肇	80	40	90	40	80	330	合格
13	110	長田　由紀	40	30	60	50	80	260	不合格

❶ 合格判定表を作成し，判定結果を入れる欄「I4」をクリックする．

❷「IF」関数のダイアログボックスを開く．

❸ 合計欄「H4」をクリックすると，［論理式］欄に「H4」と表示される．

❹「>=300」と記入する．

Advice

「>=」は 2 つの値の大
小を比較するもので，
比較演算子という．こ
れには次のものがある．

比較 演算子	内容
=	～に等しい
<>	～に等しくない
>	～より大きい
<	～より小さい
>=	～以上
<=	～以下

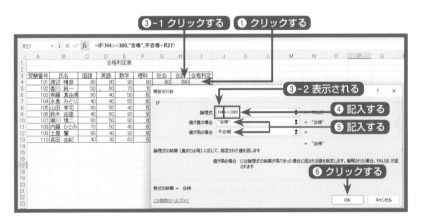

❺［真の場合］欄に「合格」，［偽の場合］の欄に「不合格」と記入する．

❻［OK］ボタンをクリックする．

❼「I4」を「I5：I13」にコピーする．

1 小計と合計の計算

 例題 5-17　小計と合計

　学部別，学年別の学生数の表を作成し，学部別の小計と学部の合計を求めなさい．

次のように学部別，学年別の学生数の表を作成する．

作成する表

学部別学生数		
A	B	C
学部名	学年	学生数
法学部	1年	258
	2年	236
	3年	233
	4年	225
	小計	
文学部	1年	359
	2年	331
	3年	326
	4年	309
	小計	
合計		

計算後

学部別学生数		
A	B	C
学部名	学年	学生数
法学部	1年	258
	2年	236
	3年	233
	4年	225
	小計	952
文学部	1年	359
	2年	331
	3年	326
	4年	309
	小計	1325
合計		2277

手　順

❶ 法学部の小計のセル「C8」をクリックする．
❷ 文学部の小計のセル「C13」を Ctrl キーを押しながらクリックする．
❸ 合計のセル「C14」を Ctrl キーを押しながらクリックする．
❹ ［オート SUM］ボタン ∑ をクリックする．

2 リスト集計

　クラス別や課別などにデータを集計することがある．このときリスト集計機能を使うと便利である．

 例題 5-18　リスト集計

　学年別，学部別の学生数の表を作成し，学年別の小計と大学の合計を求めなさい．

手　順

❶ 次の左の学生数一覧表を作成する．

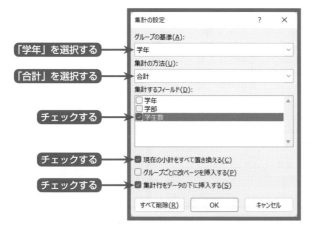

作成する表

	A	B	C
1	横浜文科大学学生数集計表		
2			
3	学年	学部	学生数
4	1年	文学部	561
5	1年	法学部	859
6	1年	経済学部	671
7	2年	文学部	521
8	2年	法学部	827
9	2年	経済学部	636

集計後

	A	B	C
1	横浜文科大学学生数集計表		
2			
3	学年	学部	学生数
4	1年	文学部	561
5	1年	法学部	859
6	1年	経済学部	671
7	1年 集計		2091
8	2年	文学部	521
9	2年	法学部	827
10	2年	経済学部	636
11	2年 集計		1984
12	総計		4075

❷ 表の範囲「A3：C9」を範囲指定する.

❸ ［データ］タブ→［小計］ボタン をクリックする.

❹「集計の設定」のダイアログボックスが表示されたら,次のように指定する.

Advice

[集計の方法]欄では,平均,最大値,最小値などを指定できる.

集計の設定

- 「学年」を選択する → グループの基準(A): 学年
- 「合計」を選択する → 集計の方法(U): 合計
- 集計するフィールド(D):
  - □ 学年
  - □ 学部
- チェックする → ☑ 学生数
- チェックする → ☑ 現在の小計をすべて置き換える(C)
  - □ グループごとに改ページを挿入する(P)
- チェックする → ☑ 集計行をデータの下に挿入する(S)

すべて削除(R) OK キャンセル

❺ ［OK］ボタンをクリックすると,学年別の集計と総計が行われる.

③ データの統合

異なったシートのデータを統合して,シート間でデータの合計・平均などの計算を行うことができる.

例題 5-19　データの統合

A商事の札幌,東京,大阪支店の商品別の3カ年の売上表が,年度別に3枚のシートに記録されています.3カ年の集計表を作成しなさい.

手　順

❶ 次ページのような4つの表を別々のシートに作成する.

❷「集計」シートの3カ年の合計を入れるセル範囲「B5：E8」をドラッグする.

Excelによる計算表とグラフの作成

CHAPTER 5

2019年度

商品種別	支店名			商品別合計
	札幌	東京	大阪	
衣料品	5,386	23,869	13,976	43,231
食料品	3,591	18,695	10,386	32,672
雑貨	4,687	16,590	10,897	32,174
支店別合計	13,664	59,154	35,259	108,077

A商事売上表　単位 万円

2020年度

商品種別	支店名			商品別合計
	札幌	東京	大阪	
衣料品	5,549	25,743	14,398	45,690
食料品	3,750	19,450	11,087	34,287
雑貨	4,967	17,987	12,876	35,830
支店別合計	14,266	63,180	38,361	115,807

A商事売上表　単位 万円

2021年度

商品種別	支店名			商品別合計
	札幌	東京	大阪	
衣料品	6,420	22,695	14,008	43,123
食料品	3,769	19,864	9,864	33,497
雑貨	4,739	16,980	11,740	33,459
支店別合計	14,928	59,539	35,612	110,079

A商事売上表　単位 万円

3カ年合計

商品種別	支店名			商品別合計
	札幌	東京	大阪	
衣料品				
食料品				
雑貨				
支店別合計				

A商事売上表　単位 万円

❸-2 クリックする　**❸-1 クリックする**　**❹ 入力される**

❷ ドラッグして範囲指定する

Advice

❸において，平均，最大値などを選択することができる．

❸ ［数式］タブの［オート SUM］ボタン Σ をクリックする．

❹ 数式バーに「=SUM( )」と入力される．

❺ 先頭のシート「2019 年度」を選択する．

❻ 「2019 年度」シートの先頭のセル「B5」をクリックする．

❼ Shift キーを押しながら 3 枚目のシート「2021 年度」を選択する．

❽ 再び［オート SUM］ボタンをクリックする．

5・5　データベース

■1 レコードの並べ替え

Advice

データベースにおいて，一連の関連あるデータの集合，例えば，1 人分のデータをレコードという．Excel では，1 行のデータが 1 レコードとなる．

●**データベースとは**　パソコンでデータ処理を行うとき，ソフトウェアと同じくらい重要なものがデータである．大量のデータを蓄積し整理して，必要に応じてデータの抽出などの処理をコンピュータで行いやすい形にしたものを**データベース**という．Excel では，表計算機能を使って作成した計算表がそのままデータベースとなる．

● **1 つのキーによる並べ替え**　レコードの特定の項目について，大きい順あるいは小さい順に並べ替えて，レコードを見やすくする機能である．

並べ替えには，小さい順に並べ替える**昇順**，大きい順に並べ替える**降順**がある．並べ替えの基準となる項目を**キー項目**という．

 例題 5-20 **1 つのキーによる並べ替え**

例題 5 - 10 の都道府県別面積・人口・人口密度・平均年収・県花・県木・県鳥一覧表において，人口の降順に並べ替えなさい．

	番号	都道府県名	面積(km²)	人口(千人)	人口密度	平均年収(万円)	県花	県木	県鳥
3									
4	13	東京	2,186.90	14,048	64,237.0	474	ソメイヨシノ	イチョウ	ユリカモメ
5	14	神奈川	2,415.41	9,227	38,242.0	442	やまゆり	イチョウ	カモメ
6	27	大阪	1,892.86	8,838	46,691.3	438	梅・さくらそう	イチョウ	モズ

並べ替えの方法には 1 つのキーによる並べ替えと複数のキーによる並べ替えがある．1 つのキーによる並べ替えでは，［**データ**］タブの［**昇順**］ボタン ↓ と［**降順**］ボタン ↓ を使う．

 手 順

❶ 並べ替えのキー項目（人口）のセルの 1 つ（例えば D4）をクリックする．
❷［**データ**］タブ → ［**降順**］のボタン ↓ をクリックすると，並べ替えができる．

●複数キーによる並べ替え

 例題 5-21 **複数のキーによる並べ替え**

ゴルフ部の部員名簿（ファイル名「ゴルフ部部員名簿」）を開き，学年の降順に並べ替え，学年が同じときには経験年数の昇順に並べ替えなさい．

 手 順

❶ データの範囲内（範囲であればどこでもよい）でクリックする．
❷［**データ**］タブの［**並べ替え**］ボタン をクリックすると，並べ替えの範囲が指定されるとともに，「並べ替え」のダイアログボックスが表示される．
❸［**先頭行をデータの見出しとして使用する(H)**］をチェックする．
❹［**最優先されるキー**］のボタン をクリックして「学年」を選択し，「大きい順」を選択する．
❺［**レベルの追加(A)**］をクリックする．
❻［**次に優先されるキー**］として，「経験年数」と「小さい順」を選択する．
❼［**OK**］ボタンをクリックすると，並べ替えが行われる．

 Advice

❶ ではフィールド名を含めたセル範囲を指定してもよい．

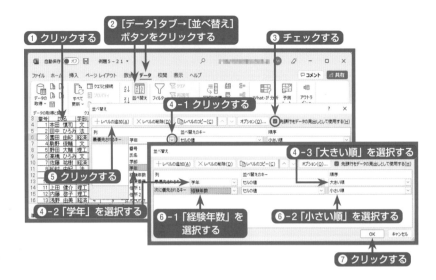

２ レコードの抽出

●オートフィルターによるレコードの抽出　　指定された条件に適合する
レコードを抽出することができる.

例題 5-22　レコードの抽出

例題 5-21 のゴルフ部の部員名簿において, 経験年数が 4 年以
上の女性部員を抽出しなさい.

 手　順

❶ データの範囲内（範囲内であればどこでもよい）でクリックする.

❷ [データ] タブの [フィルター] ボタン ▽ をクリックする.

❸ フィールド名にボタン ▾ が付く.

❹ [性別] のボタン ▾ をクリックする.

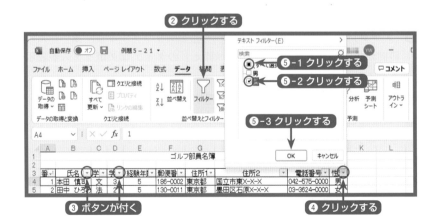

❺ メニューの［すべて選択］をクリックしてこのチェックを外した後，さらに［女］をクリックしてチェックを付け，［OK］ボタンをクリックすると女性部員だけが抽出される．

❻［経験年数］のボタン ▾ をクリックする．

❼［数値フィルター(F)］をポイントし，［指定の値以上(O)］をクリックすると，「オートフィルターオプション」のダイアログボックスが表示される．

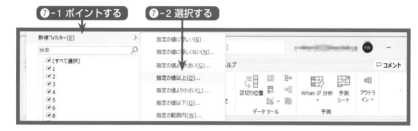

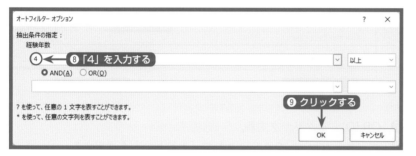

❽［経験年数］の欄に「4」を入力する．

❾［OK］ボタンをクリックすると，経験年数が4年以上の女性部員が抽出される．

●抽出の解除　抽出条件に適合したレコードを抽出しても，抽出されなかったレコードがデータ表から削除されたわけではなく，レコードそのものは存在しているので，抽出を解除すればすべてのレコードが表示される．

❶［データ］タブをクリックする．

❷［フィルター］ボタン ▽ をクリックすると，抽出が解除される．

●複合判断　2つの条件を結合して，複合判断をすることができる．

例題 5-23　複合判断によるレコードの抽出

例題5-21のゴルフ部の部員名簿において，文学部と法学部の部員を抽出しなさい．

手　順

❶ データの範囲内（範囲内であればどこでもよい）でクリックする.

❷ ［データ］タブの［フィルター］をクリックする.

❸ ［学部］のボタン ▼ をクリックする.

❹ ［テキストフィルター(F)］をポイントする.

❺ ［指定の値に等しい(E)］をクリックする.

❻ 「オートフィルターオプション」のダイアログボックスにおいて,「文」と入力する.

❸〜❽ の操作の代わりに,［学部］のボタン ▼ をクリックした後,「文」と「法」をチェックしてもよい.

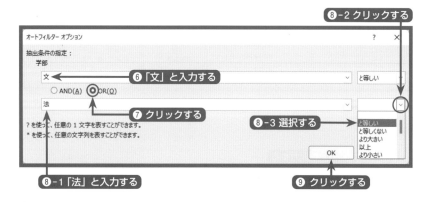

❽-2 クリックする

❻「文」と入力する

❼ クリックする

❽-3 選択する

❽-1「法」と入力する

❾ クリックする

❼ ［OR (O)］をクリックする.

❽ 「法」と入力し,▼ をクリックして「と等しい」を選択する.

❾ ［OK］ボタンをクリックする.

次に, 2 つの条件を結合する記号の意味を示す.

記　号	意　　味
AND	2 つの条件が同時に満足したとき
OR	2 つの条件のいずれかを満足したとき

5・6　グラフの作成と Excel と Word の連携

1 グラフの作成

　いままでは入力データや計算結果を数値で表したが, これをグラフで表し視覚的に表現することができる.

　Excel のグラフには, 縦棒グラフ, 折れ線グラフ, 円グラフ, レーダーチャートなど 17 種類がある.

　グラフ作成の方法は, どのグラフでも基本的には変わらないので, 折れ線グラフの作成を例として, データ表と同じシートにグラフを表示する埋め込みグラフを作成する.

例題 5-24　折れ線グラフの作成

各地の月別平均気温の表を作成し，次のような折れ線グラフを作成しなさい．

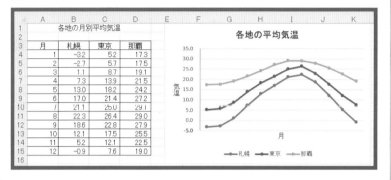

●折れ線グラフの作成

❶ 折れ線グラフを描くために月別平均気温の表を作成する．

❷ グラフにするデータ範囲「B3：D15」をドラッグして範囲指定する．

❸ ［挿入］タブ→ ［折れ線 / 面グラフの挿入］ボタン を クリックする．

❹ ［マーカー付き折れ線］をクリックすると，グラフが表示される．

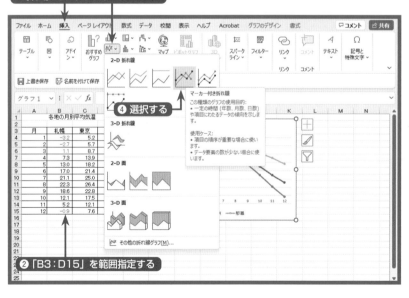

❸ ［挿入］→ ［折れ線 / 面グラフの挿入］をクリックする

❷ 「B3：D15」を範囲指定する

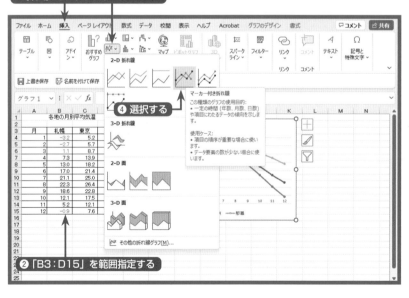

Advice

［セルの書式設定］→［表示形式］タブ→［数値］→［−1234］を選択すると，数値がマイナスのときには赤く表示される．

CHAPTER 5

Excelによる計算表とグラフの作成

●タイトルの書き込み

Advice

「グラフタイトル」の
文字をクリックすると
編集可能になる.

❶ 表示されている「グラフタイトル」の文字を消去して「各地の平均気温」と書き換える.

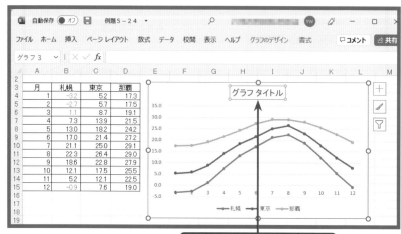

❶「各地の平均気温」と書き換える

●軸ラベルの書き込み

❶ グラフ上でクリックし,[グラフのデザイン]タブ→[グラフ要素を追加]ボタン ⊞ →[軸ラベル(A)]→[第1横軸(H)]をクリックする.

❷「軸ラベル」と表示されるので,「月」と書き換える.

❶[グラフ要素を追加]→[軸ラベル(A)]
→[第1横軸(H)]をクリックする

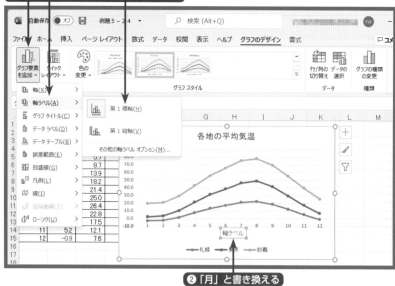

❷「月」と書き換える

❸ 同様にして［グラフのデザイン］タブ→［グラフ要素を追加］ボタン
🔲 →［軸ラベル(A)］→［第 1 縦軸(V)］をクリックする.

❹「軸ラベル」と表示されるので,「気温」と書き換える.

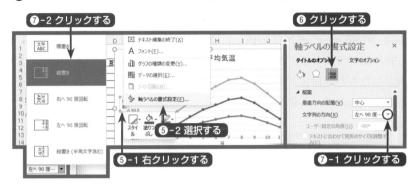

❺「気温」の上で右クリックし,［軸ラベルの書式設定(F)］を選択する.

❻［サイズとプロパティ］ボタン 📐 をクリックする.

❼［左へ 90 度］のボタン ▾ をクリックし,［縦書き］を選択する.

●グラフの拡大・縮小　　グラフ上でクリックし,グラフの四辺,四隅を
ポイントすると,マウスポインタが,↕ ⟷ ⤡ ⤢ となるのでドラッグ
すると拡大・縮小できる.

●グラフの移動　　グラフ上でポイントすると,マウスポインタの形が
✛ となるので,そのまま任意の位置にドラッグすると移動できる.

●フォントの変更　　タイトル,軸ラベル,軸の項目などの文字のフォン
トや色を変更できる.

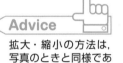

Advice
拡大・縮小の方法は,
写真のときと同様であ
る（47 ページ参照）.

🔽手　順

❶ 数値軸の文字「気温」をポイントし,右クリックする.

❷［フォント(F)］をクリックする.

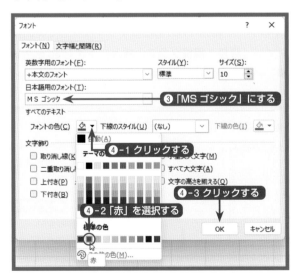

❸［日本語用のフォント(T)］を「MS ゴシック」にする.

❹ ［フォントの色（C）］ボタン をクリックして「赤」を選択し，［OK］ボタンをクリックする.

❺ 同様にして，タイトルと横軸ラベルのフォントと色を変更する.

② 複合グラフの作成

折れ線グラフ・棒グラフなど複数の異なるグラフを1つのグラフとして表示したものが複合グラフである．このときグラフのデータ範囲が異なる場合が多いので，注意が必要である.

例題 5-25　複合グラフの作成

大阪における月別の降水量と平均気温が次表のようになっています．降水量を棒グラフ，平均気温を折れ線グラフとして，1つのグラフとして作成しなさい．

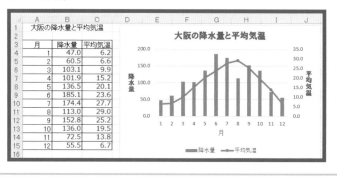

手　順

❶ 大阪の月別降水量と平均気温の表（ファイル名「大阪の降水量と平均気温」）を開く.

❷ グラフにするデータ範囲「B3：C15」をドラッグして範囲指定する.

❸ ［挿入］タブ→［縦棒／横棒グラフの挿入］ボタン 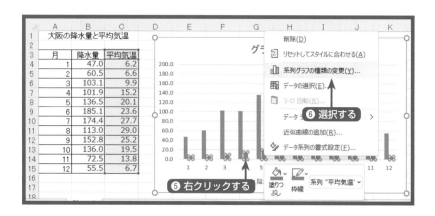 をクリックする.

❹ ［2-D 縦棒］の［集合縦棒］を選択すると，グラフが表示される.

❺「平均気温」のグラフの上で右クリックする.

❻［系列グラフの種類の変更（Y）］を選択する.

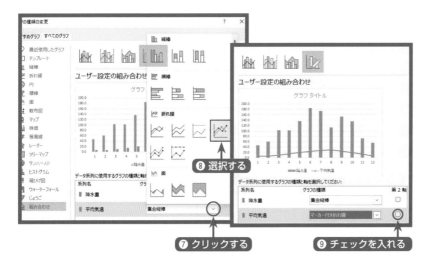

⑦ クリックする

⑧ 選択する

⑨ チェックを入れる

❼「平均気温」の［集合縦棒］のボタン ✓ をクリックする.

❽［マーカー付き折れ線］を選択する.

❾［第2軸］にチェックを入れ，［OK］ボタンをクリックする.

❿ 折れ線グラフのときと同様にして，タイトルと軸ラベルを書き込む.

Advice

❿ では，第1縦軸は「降水量」，第2縦軸は「平均気温」とする.

③ Excel と Word の連携

Windows 上で動作するアプリケーションソフトでは，各ソフトウェアで作成されたデータを互いにやり取りして利用することができる．その一例として，Excel の表やグラフを Word の文書上に貼り付ける．

 例題 5-26 文書に表とグラフを貼り付ける

Word で次の文を作成し，例題 5-24 で作成した表とグラフを貼り付けなさい.

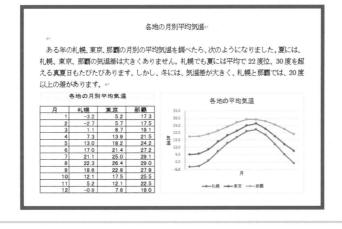

各地の月別平均気温

ある年の札幌，東京，那覇の月別の平均気温を調べたら，次のようになりました．夏には，札幌，東京，那覇の気温差は大きくありません．札幌でも夏には平均で 22 度位，30 度を超える真夏日もたびたびあります．しかし，冬には，気温差が大きく，札幌と那覇では，20 度以上の差があります．

各地の月別平均気温

月	札幌	東京	那覇
1	-3.2	5.2	17.3
2	-2.7	5.7	17.5
3	1.1	8.7	19.1
4	7.3	13.9	21.5
5	13.0	18.2	24.2
6	17.0	21.4	27.2
7	21.1	25.0	29.1
8	22.3	26.4	29.0
9	18.6	22.8	27.9
10	12.1	17.5	25.5
11	5.2	12.1	22.5
12	-0.9	7.6	19.0

各地の平均気温

●準備　　Word を起動し，例題 5-26 の文を入力しておく．

●表の貼り付け

❶ Excel を起動し，例題 5-24 を開き，表とグラフを表示しておく．

❷ 表の範囲「A1：D15」を指定する．

❸ ［ホーム］タブの［コピー］ボタン 🗅 をクリックする．

❹ Word に切り替える．

❺ 文章の下の行にカーソルを移動しておく．

❻ ［ホーム］タブの［貼り付け］ボタン 🗅 の下にある ﹀ をクリックする．

Advice

リンク貼り付けを指定
すると，Excel 上で
データを変更すると，
Word 上でも連動して
データが変わる．

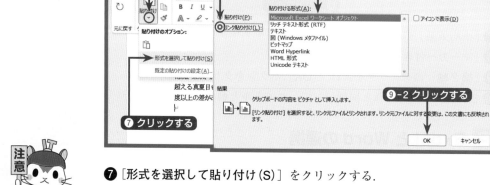

❻ クリックする　❾-1 クリックする　❽ 選択する

形式を選択して貼り付け

リンク元：Microsoft Excel ワークシート
　　　　　Sheet1!R1C1:R15C4

貼り付ける形式(A)：

Microsoft Excel ワークシート オブジェクト
リッチ テキスト形式 (RTF)
テキスト
図 (Windows メタファイル)
ビットマップ
Word Hyperlink
HTML 形式
Unicode テキスト

□アイコンで表示(D)

貼り付け(P)：
◉リンク貼り付け(L)：

形式を選択して貼り付け(S)
既定の貼り付けの設定(A)...

❾-2 クリックする

結果

クリップボードの内容をピクチャとして挿入します．

［リンク貼り付け］を選択すると，リンク元ファイルとリンクされます．リンク元ファイルに対する変更は，この文書にも反映されます．

OK　　キャンセル

❼ クリックする

❼ ［形式を選択して貼り付け(S)］をクリックする．

❽ ［Microsoft Excel ワークシートオブジェクト］を選択する．

❾ ［リンク貼り付け(L)］→［OK］ボタンをクリックする．

❿ 表の上でクリックし，ハンドルを付ける．

⓫ ［レイアウト］タブをクリックする．

⓬ ［文字列の折り返し］ボタン 🔲 →［四角形(S)］をクリックする．

⓭ 表の大きさや位置を適当に変更する．

●グラフの貼り付け

Advice

❿〜⓭ の操作は 47
ページで学んだ写真の
貼り付けのときと同様
である．また，この操
作を行わないと，表の
位置の変更はできない．

❶ Excel に切り替え，グラフ上でクリックする．

❷ ［ホーム］タブの［コピー］ボタン 🗅 をクリックする．

❸ 画面を Word に切り替える．

❹ グラフを貼り付ける位置にカーソルを移動しておく．

❺ ［ホーム］タブの［貼り付け］ボタン 🗅 をクリックする．

❻ グラフ上でクリックし，［レイアウト］タブをクリックする．

❼ ［文字列の折り返し］ボタン 🔲 →［四角形(S)］をクリックする．

❽ 表のときと同様にしてグラフの大きさや位置を適当に変更する．

演習問題

1. 次の各地の月別降水量の表を作成しなさい．年間降水量，月平
   均降水量，最大降水量，最小降水量は計算で求めなさい．

月	東京	北京	シドニー	ロンドン	ニューヨーク
＊＊　各地の月別降水量　＊＊					
1月	52.3	4.0	96.0	55.2	84.0
2月	56.1	6.0	136.6	40.9	78.0
3月	117.5	10.0	109.4	41.6	98.0
4月	124.5	22.0	137.0	43.7	103.0
5月	137.8	37.0	117.6	49.4	107.0
6月	167.7	79.0	117.8	45.1	90.0
7月	153.5	170.0	80.8	44.5	106.0
8月	168.2	125.0	91.8	49.5	102.0
9月	209.9	61.0	69.2	49.1	95.0
10月	197.8	33.0	82.2	68.5	84.0
11月	92.5	15.0	104.8	59.0	104.0
12月	51.0	4.0	79.4	55.2	93.0
年間降水量	1528.8	566.0	1222.6	601.7	1144.0
月平均降水量	127.4	47.2	101.9	50.1	95.3
最大降水量	209.9	170.0	137.0	68.5	107.0
最小降水量	51.0	4.0	69.2	40.9	78.0

2. 次の売上一覧表を作成しなさい．売上金額と売上合計は計算で
   求めなさい．

商品名	規格	単価	販売数量	売上金額
◆◆　売上一覧表　◆◆				
ハードディスク	4TB	13,400	58	777,200
USBメモリ	64GB	1,380	45	62,100
SDカード	128GB	2,680	67	179,560
ブルーレイディスク	25GB　50枚入	2,740	102	279,480
売上合計				1,298,340

3. 次の身体計測表を作成し，男女別の身長と体重の順位と平均，
   および標準体重と肥満度を計算しなさい．標準体重と肥満度は次
   の式で計算されます．

$$標準体重 = \left(\frac{身長}{100}\right)^2 \times 22$$

$$肥満度 = \frac{体重 - 標準体重}{標準体重} \times 100$$

** 身体計測表 **							
氏名	性別	身長	身長順位	体重	体重順位	標準体重	肥満度
大山 和己	男	178.7	2	83.6	1	70.3	19.0
中田 誠	男	156.8	5	58.4	4	54.1	8.0
永島 純一	男	184.2	1	56.2	5	74.6	-24.7
和田 幸司	男	159.5	4	68.4	2	56.0	22.2
杉山 久	男	166.8	3	61.3	3	61.2	0.1
大久保 愛	女	157.3	3	62.1	2	54.4	14.1
大塚 治美	女	171.1	1	51.5	5	64.4	-20.0
渋谷 碧	女	155.8	4	53.8	4	53.4	0.7
河合 真美	女	154.0	5	55.8	3	52.2	6.9
高瀬 順子	女	159.6	2	69.7	1	56.0	24.4
男性平均		169.2		65.58			
女性平均		159.6		58.58			

4．次のような前期，後期の成績一覧表があります（ファイル名「演習問題5−4」）．前後期（学年）平均点を計算しなさい．

成績一覧表				
前期				
氏名	英語	国文学	法学	合計点
斉藤 孝	60	80	85	225
飯山 久志	70	60	75	205
内藤 慎三	60	70	60	190
長山 夏子	90	100	80	270
森 ひろし	80	60	75	215

成績一覧表				
後期				
氏名	英語	国文学	法学	合計点
斉藤 孝	70	85	90	245
飯山 久志	65	65	55	185
内藤 慎三	70	50	65	185
長山 夏子	85	95	100	280
森 ひろし	75	70	80	225

成績一覧表				
学年平均				
氏名	英語	国文学	法学	合計点
斉藤 孝	65.0	82.5	87.5	235.0
飯山 久志	67.5	62.5	65.0	195.0
内藤 慎三	65.0	60.0	62.5	187.5
長山 夏子	87.5	97.5	90.0	275.0
森 ひろし	77.5	65.0	77.5	220.0

5．次のような小遣い集計表を作成しなさい．

月別小遣い集計表						
科目	月別			合計	平均	割合
	4月	5月	6月			
学用品費	3,052	2,540	4,850	10,442	3,481	16.5%
交際費	1,870	2,870	3,590	8,330	2,777	13.2%
娯楽費	3,890	3,640	2,450	9,980	3,327	15.8%
通信費	7,880	7,930	8,020	23,830	7,943	37.7%
雑費	2,857	3,070	4,708	10,635	3,545	16.8%
月合計	19,549	20,050	23,618	63,217	21,072	100.0%

6．演習問題3の身体計測表において，肥満度が10以上のときは「太りすぎに注意」，10未満のときは「正常」と書き込みなさい．

```
* *　　身体計測表　　* *
```

氏名	性別	身長	身長順位	体重	体重順位	標準体重	肥満度	注意事項
大山 和己	男	178.7	2	83.6	1	70.3	19.0	太りすぎに注意
中田 誠	男	156.8	5	58.4	4	54.1	8.0	正常
永島 純一	男	184.2	1	56.2	5	74.6	-24.7	正常
和田 幸司	男	159.5	4	68.4	2	56.0	22.2	太りすぎに注意
杉山 久	男	166.8	3	61.3	3	61.2	0.1	正常
大久保 愛	女	157.3	3	62.1	2	54.4	14.1	太りすぎに注意
大塚 治美	女	171.1	1	51.5	5	64.4	-20.0	正常
渋谷 碧	女	155.8	4	53.8	4	53.4	0.7	正常
河合 真美	女	154.0	5	55.8	3	52.2	6.9	正常
髙瀬 順子	女	159.6	2	69.7	1	56.0	24.4	太りすぎに注意
男性平均		169.2		65.58				
女性平均		159.6		58.58				

7．ブロック別の面積と人口を入力し，面積と人口の合計と割合を計算しなさい．また，面積と人口の降順に順位を付けなさい．

ブロック名	面積			人口		
	面積(km²)	割合(%)	順位	人口(万人)	割合(%)	順位
北海道	83,520	25.1%	1	552	4.3%	7
東北	66,360	19.9%	2	942	7.4%	5
関東	32,383	9.7%	4	4,175	32.9%	1
中部	28,837	8.7%	6	2,157	17.0%	3
近畿	27,296	8.2%	7	2,250	17.7%	2
中国	31,788	9.6%	5	758	6.0%	6
四国	18,808	5.7%	8	404	3.2%	8
九州	43,688	13.1%	3	1,467	11.5%	4
合計	332,680	100.0%		12,705	100.0%	

表タイトル：ブロック別面積・人口・人口密度・順位

8．成績一覧表（ファイル名「演習問題5−8」）を開き，次の処理を行いなさい．

   （1）合計点の降順に並べ替える．

   （2）学生番号順に並べ替える．

   （3）合計点の降順に，合計点が同じときは英語の点の降順に並べ替える．

9．例題5−10の都道府県別面積・人口・人口密度・平均年収・県花・県木・県鳥一覧表を開き，次の処理を行いなさい．

   （1）面積の広い順に並べ替える．

   （2）人口の少ない順に並べ替える．

   （3）人口密度の低い順に並べ替える．

   （4）平均年収の多い順に並べ替える．

   （5）人口が300万人以上の都道府県を検出する．

   （6）県鳥が「ヤマドリ」または「ライチョウ」である都道府県を検出する．

10. 次のような表とグラフを作成しなさい.

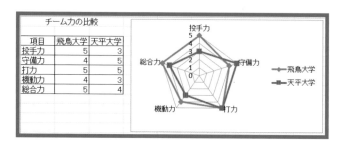

【ヒント】グラフを作成するデータ範囲を「A3：C8」（表の枠内）とする.

11. 食品成分表（ファイル名「演習問題5-11」）を開き，次のようなグラフを作成しなさい.

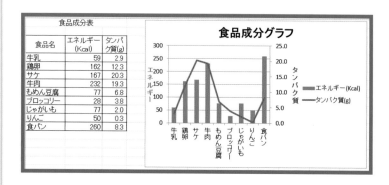

12. 次のような文書を作成しなさい. 文章は Word で作成し，表とグラフは演習問題 11 で作成したものを利用して，Word の文書に貼り付けなさい.

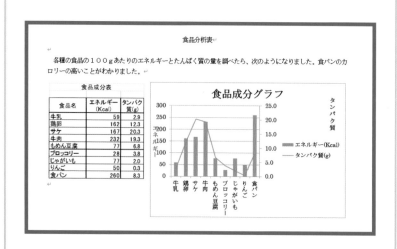

PowerPoint による プレゼンテーション資料の作成

研 究発表，各種の説明会などにおいて，プレゼンテーションを行う場合に，PowerPoint を使うと，わかりやすく的確な説明を行うことができる．この章では，PowerPoint を使ったプレゼンテーション資料の作成方法を学ぶ．

6・1 プレゼンテーションの概要

1 プレゼンテーションとは

　プレゼンテーションは，プレゼンター（話し手）がある目的を持って，意見・考え方・情報などを聞き手に伝達する活動である．聞き手は，伝達された情報を理解し，納得したうえで意志決定を行う．したがって，聞き手の状況を判断して，十分に説得効果のあるプレゼンテーションを行うことが重要である．

2 プレゼンテーション資料作成の留意点

　プレゼンテーションの内容を聞き手に正確に，理解しやすく伝達するために，次の点に留意する．

❶ 目的と内容を明確にする．要点を整理し箇条書きにする．結論や強調点をはっきりさせておく．文字の大きさや文章の長さなどは読みやすさを考慮して決める．

❷ プレゼンテーションの時間に合わせて，資料の量を決める．短時間で行うには，図・表・グラフ・写真を使うのも重要である．

❸ 説明が単調にならないように，シナリオ・色・フォームを工夫する．BGM・写真・映像を使うのも一方法である．

❹ プレゼンテーションを行う環境を調べておく．スクリーンやディスプレイの大きさ，聞き手の人数・年齢・状況，部屋の大きさなど把握しておく．

3 PowerPoint の概要

　PowerPoint は代表的なプレゼンテーションソフトである．PowerPoint で作成できる資料には次のものがある．

●**プレゼンテーション**　これはスライド，配布資料，発表者用ノートアウトラインを 1 つにまとめたファイルである．1 枚 1 枚のスライドを作成することによりプレゼンテーションが作成される．

●**スライド**　プレゼンテーションの各ページのことである．スライドには，タイトル，ドキュメント，グラフ，図形，写真，動画，音楽およびほかのアプリケーションソフトで作成した表やグラフを取り込むことができ

る．スライドは，モノクロ，カラーで OHP シートに印刷することもできる．また，35mm スライドを作成することもできる．

●**配布資料**　　配布資料は，聞き手に配布する資料である．配布資料には，スライドが縮小された形で印刷される．1 ページに 1，2，3，4，6，9 枚のスライドを印刷できる．

●**発表者用ノート**　　プレゼンターが参照するノートである．ノートの各ページには，作成したノートの内容とともに，それに対応した個々のスライドが表示される．ノートは印刷することができる．

　PowerPoint には，これらの資料を作成するとともに，スライドをディスプレイに順々に表示する**スライドショー**の機能がある．

　PowerPoint では，多数のスライドを次々とパソコン上に表示してプレゼンテーションを行う．

6・2　スライドの作成

1 PowerPoint の画面

PowerPoint を起動すると，次の画面が表示される．

Advice

各種のテンプレートが用意されており，これを使用するといろいろなスライドが作成できるが，ここでは［新しいプレゼンテーション］を使用する．

Advice

画面の構成は，Word や Excel とほぼ同じである．

　［**新しいプレゼンテーション**］をクリックすると，次の画面が表示される．ここでプレゼンテーションを作成することができる．

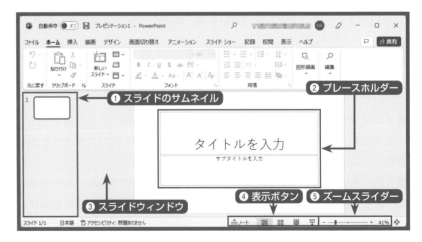

① **スライドのサムネイル**：スライドのサムネイル（縮小版）が表示される.

② **プレースホルダー**：この領域にテキスト，図，表，写真などを入力してスライドを作成する.

③ **スライドウィンドウ**：スライドを編集する領域である.

④ **表示ボタン**：[**標準**][**スライド一覧**][**閲覧表示**][**スライドショー**]など表示モードを切り替える.

⑤ **ズームスライダー**：プレースホルダーに表示するスライドの表示倍率を変える.

Advice

表示ボタンの [ノート] をクリックすると，発表者の説明用原稿やメモを記入できる.

2 タイトルスライドの作成

例題 6-1　タイトルスライドの作成

次のようなタイトルスライドを作成しなさい.

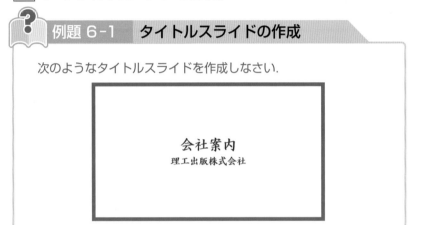

会社案内
理工出版株式会社

●タイトルスライドの作成

手　順

❶ PowerPoint を起動し，[**新しいプレゼンテーション**]をクリックすると，タイトルとサブタイトルの入力枠ができる．これを**プレースホルダー**という.

❷ [**タイトルを入力**] の枠内でクリックする.

❸ 「会社案内」と入力する.

❹ 同様にしてサブタイトルを入力する.

フォントの変更

　タイトルスライドの文字のフォントを「HG 正楷書体 -PRO」で「太字」，
サイズを「60」，色を「青」に変更する．

❶「会社案内」をドラッグする．

Advice

フォントとフォントサイズを変更する方法は，Word の場合と同じである．

❷［**ホーム**］タブの［**フォント**］リストボックスのボタン⌄をクリックし，
　フォントのメニューから「HG 正楷書体 -PRO」を選択する．

❸［**フォントサイズ**］リストボックスのボタン⌄をクリックし，「60」を
　選択する．

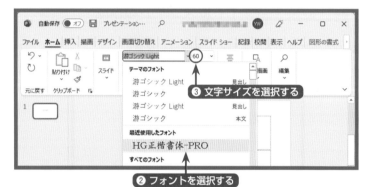

③ 文字サイズを選択する

② フォントを選択する

④［太字］をクリックする　⑤-1 クリックする

⑤-2「青」を選択する

Advice

文字を太字にする方法は，Word の場合と同じである．

❹［**太字**］ボタン **B** をクリックして，文字を太字にする．

❺［**フォントの色**］ボタン ▲ の横にあるボタン⌄をクリックし，「青」を
　選択する．

❻ 同様にして，サブタイトルのフォントも変更する．

❼ 作成したプレゼンテーションをファイル名「会社案内」で保存する．

4 スライドの追加

? 例題 6-2　スライドの追加

次のような 2 枚のスライドを追加しなさい.

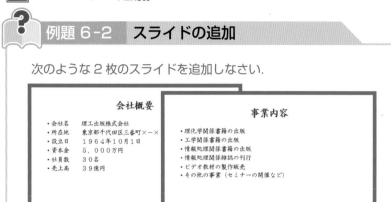

タイトルスライドの後ろに, 2 枚のスライドを追加する.

❶ PowerPoint を起動する.

❷ プレゼンテーション「会社案内」を開く.

❸ [ホーム] タブの [新しいスライド] ボタン □ の下のボタン ˅ をクリックし, [タイトルとコンテンツ] を選択する.

❹ 新しいスライドが追加され, 新しいスライドの入力画面となる.

Advice

ファイルの開き方は, Word や Excel と同じである.

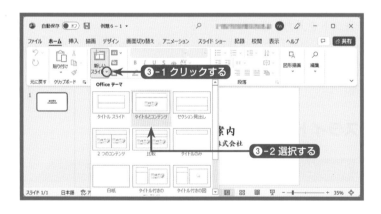

❺ [タイトルを入力] 欄をクリックする.

❻ 「会社概要」と入力し, フォントとフォントの色を変更する.

❼ [ホーム] タブの [中央揃え] ボタンをクリックし, タイトルを中央揃えにする.

❽ ［テキストを入力］をクリックする.

❾ 前ページを参照して「会社概要」のテキストを入力し，フォントを変更する.

❿ 同様にして「事業内容」のスライドを作成する.

⑤ スライドショーによる実行

 例題 6-3　スライドショーによる実行

　例題 6-1，例題 6-2 で作成したプレゼンテーション「会社案内」をスライドショーで実行しなさい.

●画面の表示　　PowerPoint には，現在表示されている標準モードのほか，3 つの画面表示モードがある．スライド作成の作業内容に応じて，適切な画面表示モードを使用するとよい．画面表示モードの切り替えは，画面下のツールバー 回　🔠　🔲　🖵 を使う.

❶ 標準表示：［標準］ボタン 回 をクリックする．スライドに文字を入力するなどの編集ができる表示である.

❷ **スライド一覧表示**：[スライド一覧] ボタン ⊞ をクリックすると，すべてのスライドが縮小して表示される．スライドの並べ替え，切り替え効果の設定，背景の色やテンプレートの変更などを行うときに用いる．

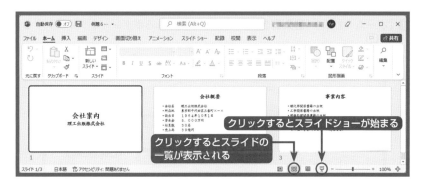

クリックするとスライドショーが始まる
クリックするとスライドの一覧が表示される

❸ **閲覧表示**：[閲覧表示] ボタン ▥ をクリックすると，スライドだけが表示される．

❹ **スライドショー**：[スライドショー] ボタン 早 をクリックする．Windows の画面全体を使って，スライドを順番に表示する．実際のプレゼンテーションを行うときやリハーサルを行うときに用いる．

●**スライドショー** タイトルスライドのほか 2 枚のスライドを作成し，プレゼンテーションの骨格ができた．スライドショーを実行して，スライドの流れを確認する．

 手 順

❶ 「スライド一覧」で表示し，1 番目のスライドをクリックする．
❷ [スライドショー] ボタン 早 をクリックする．
❸ タイトルスライドが表示される．
❹ スライド上でクリックすると，次のスライドが表示される．
❺ 最後のスライドを表示した後，もう一度クリックすると黒い画面となり，再度クリックするとスライド一覧表示に戻り，スライドショーが終わる．

6 スライドの操作

スライドのテキストの行頭の文字を変更したり，デザインテンプレートを変更するなどの操作を行う．
●**行頭文字と段落番号の変更**

例題 6-4　行頭文字と段落番号の変更

例題 6-2 で作成した「会社概要」スライドのテキストの行頭文字を変更しなさい．また，「事業内容」スライドの行頭文字を数字付きの箇条書きに変更しなさい．

Advice

❶では，標準モードで表示して，1 番目のスライドをクリックしてもよい．
スライドショーを途中で終了するときには，スライド上で右クリックして，メニューから [スライドショーの終了(E)] をクリックする．または，Esc キーを押してもよい．

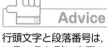

Advice

行頭文字と段落番号は,
いろいろな形に変更で
きる.

❶ スライド「会社概要」を表示させておく.

❷ テキストをドラッグする.

❸ [ホーム]タブの[箇条書き]ボタン の横にあるボタン をクリックする.

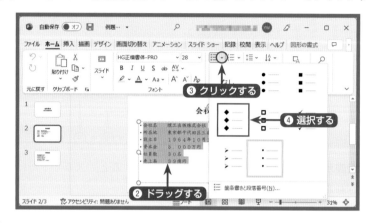

❹ [塗りつぶしひし形の行頭文字]を選択する.

次に,「事業内容」を番号付きの箇条書きに変更する.

手 順

❶ テキストをドラッグする.

❷ [ホーム]タブの[段落番号]ボタン の横にあるボタン をクリックする.

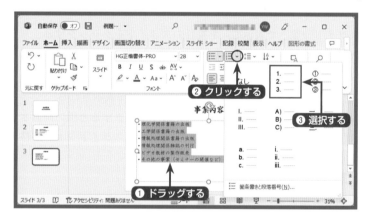

❸ 適当な段落番号を選択する.

●テーマの設定　　いままで作成したプレゼンテーションは,白地に文字
を書き込んだだけであった.背景をいろいろなデザインに変えることがで
きる.これはテーマを選択して行う.

 例題 6-5　テーマの設定

プレゼンテーション「会社案内」のデザインを変更しなさい.

❶ プレゼンテーションを開いておく.

❷ [**デザイン**] タブ→ [**テーマ**] の横にあるボタン ▽ をクリックする.

❸ 適当なデザインを選択する.

PowerPoint では, いろいろなスライドが作成できる.

1 組織図の作成

　プレゼンテーションを作成するときには, スライドに図形を加えて視覚
的に表現したほうがわかりやすく, 聞き手にアピールできる. PowerPoint
では, 直線・曲線・円・方形など各種の図形の要素を組み合わせていろい
ろな図形を描くことができる. また, 組織図・ピラミッド型図表などを描
く SmartArt などが用意されている.

●組織図の作成　　SmartArt を利用して, 組織図を作る.

 例題 6-6 　組織図の作成

　いままで作成した「会社案内」のプレゼンテーションに, 次のよ
うな組織図を追加しなさい.

❶ プレゼンテーションを開いておく．

❷ スライドを追加する位置（3番目のスライドの下）をクリックする．

❸ ［**新しいスライド**］ボタン□の下にあるボタン ～をクリックし，［**タイトルとコンテンツ**］をクリックすると，新しいスライドが追加される．

❹ コンテンツプレースホルダーにある［**SmartArt グラフィックの挿入**］📄をクリックする．

❺ 「SmartArt グラフィックの選択」のダイアログボックスが表示されたら，［**階層構造**］を選択する．

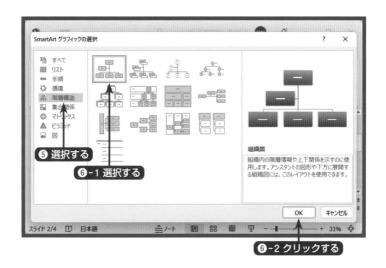

❻ ［**組織図**］を選択し，［**OK**］ボタンをクリックする．

❼ 一番上の四角に「社長」と入力する．

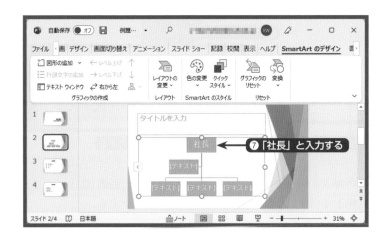

❽ その他の組織の名称とタイトルを入力する.

●**フォントの変更**　　入力した文字のフォントを変更する.

❶ [**ホーム**] タブにおいて,フォントを「HG 正楷書体 -PRO」に変更する.
❷ 色を「赤」に,文字を「太字」に変更する.

② 表の作成

　例題 6-7　　**表の作成**

　「会社案内」のプレゼンテーションに,次のような表のスライドを
追加しなさい.

●**表の作成**　　5 列 4 行の表を作成する.

❶ 先ほどと同様の手順でスライドの末尾に [**タイトルとコンテンツ**] 形
式のスライドを新しく作成する.
❷ コンテンツプレースホルダーにある [**表の挿入**] をクリックする.

Advice

文字が枠内に入らない
ときは,枠の中でク
リックし現れたハンド
ル□ を左右にドラッグ
して枠を大きくする.

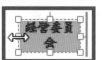

Advice

❷,❸の処理は,Word
の場合と同じく,[挿
入]→[表]をクリッ
クし,表の範囲をド
ラッグしてもよい.

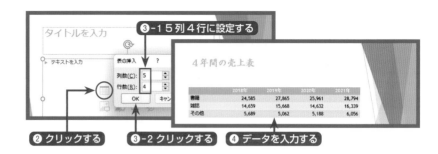

❸「表の挿入」のダイアログボックスにおいて，[**列数（C）**] を「5」，[**行数（R）**] を「4」とし，[**OK**] ボタンをクリックする．

❹ 表の作成画面となるので，データを入力する．

●**セル内の文字位置の変更** 年度は中央揃え，売上金額は右揃えにする．

❶ 表の年度のセル（1行目）をドラッグして範囲指定する．

❷ [**ホーム**] タブにおいて，[**中央揃え**] ボタン ≡ をクリックする．

❸ 表の数値の範囲をドラッグして，範囲指定する．

❹ [**ホーム**] タブにおいて，[**右揃え**] ボタン ≡ をクリックする．

●**罫線を引く** 表を見やすくするために罫線を引く．

❶ 表の範囲をドラッグして，範囲指定する．

❷ [**テーブルデザイン**] タブの [**罫線**] ボタン 田 の横にあるボタン ˇ をクリックする．

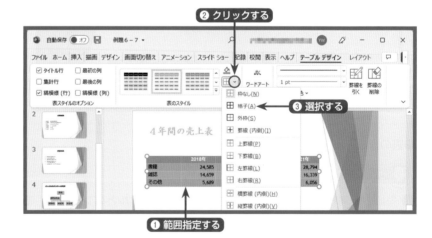

❸ [**格子（A）**] 田 を選択すると，罫線が引ける．

❹ タイトルのフォントを適宜変更する．

Advice

セル内の文字位置の変更の方法は，Excel の場合と同じである．

Advice

[テーブルデザイン] タブで表のデザインを変更できる．

③ グラフの作成

例題 6-8　グラフの作成

「会社案内」のプレゼンテーションに，次のようなグラフのスライドを追加しなさい．

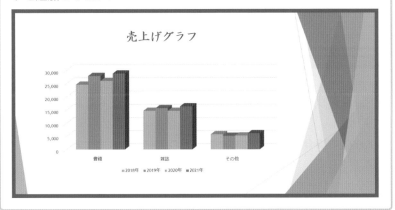

●グラフの作成　　4年間の売上グラフを作成する．

手　順

❶ プレゼンテーションを開き，[**新しいスライド**] の [**タイトルとコンテンツ**] を開く．

❷ コンテンツプレースホルダーにある [**グラフの挿入**] をクリックする．

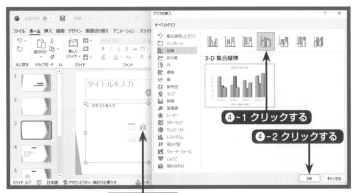

❸「グラフの挿入」のダイアログボックスが表示される．

❹ [**3 - D 集合縦棒**] を選択し，[OK] ボタンをクリックする．

❺ Excel のワークシートが表示される．

❻ [**Microsoft Excel でデータを編集**] ボタン  をクリックする．

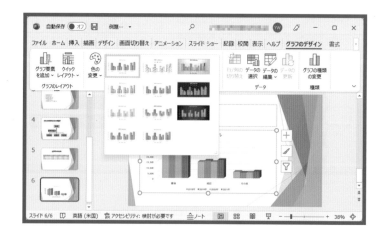

5行目は，このスライ
ドでは不要なので削除
する．

❼ の処理は Excel と
同様である．

[グラフのデザイン]
タブは，グラフ上でク
リックすると表示され
る．

❼ Excel のワークシートの画面が表示されるので，5 行目の行番号をク
リックし，[ホーム] タブの [削除] ボタン 🔲 をクリックする．

❽ Excel の場合と同様にして，先ほどのデータを入力すると，グラフが
表示される．

❾ Excel のワークシートを閉じる．

❿ タイトルを書き込み，フォントを適宜見やすく変更する．

⓫ 軸のフォントを適宜見やすく変更する．

●データの修正　　グラフを作成してから，グラフのデータを修正すると
きには，[グラフのデザイン] タブにおいて，[データの編集] ボタン 🔲
をクリックすると，Excel のワークシートに戻るので，ここでデータを修
正する．

●グラフのスタイル変更　　[グラフのデザイン] タブにおいて，[グラフ
のスタイル] から適当なグラフスタイルを選択する．また，[グラフの種類
の変更] ボタン 📊 をクリックすると，横棒グラフなどに変更できる．

4 Excel のグラフの貼り付け

先ほどは PowerPoint 上で表とグラフを作成したが，Excel で作成した表やグラフを PowerPoint のスライドに取り込むこともできる．

例題 6-9　グラフの貼り付け

「会社案内」のプレゼンテーションに，次のような Excel で作成したグラフのスライドを追加しなさい．

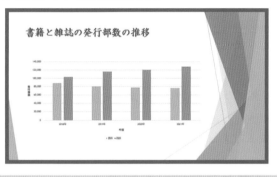

● Excel での操作　　あらかじめ Excel で表とグラフを作成しておく．

❶ Excel を起動する．

❷ 表とグラフを作成しておく．

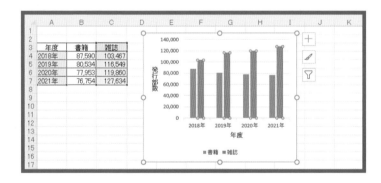

❸ グラフ上でクリックし［ホーム］タブの［コピー］ボタン ⧉ をクリックする．

● PowerPoint での操作

❶ PowerPoint を起動し，「会社案内」のプレゼンテーションを開く．

❷［新しいスライド］の中から［タイトルとコンテンツ］を選択する．

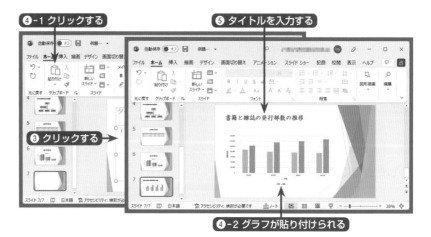

④-1 クリックする　　　　　　　　　　　⑤ タイトルを入力する

③ クリックする

④-2 グラフが貼り付けられる

Advice

グラフの貼り付け方は，Wordに貼り付ける場合と同じである．

❸ コンテンツをクリックする．

❹ [**ホーム**] タブの [**貼り付け**] ボタン をクリックするとグラフが貼り付けられる．

❺ タイトルを入力する．

5 飾り文字と写真の貼り付け

　プレゼンテーションのスライドにも，飾り文字や写真を貼り付けることができる．この方法はWordの場合とほぼ同じである．

例題 6-10　飾り文字と写真の貼り付け

　「会社案内」のプレゼンテーションに，次のようなスライドを追加しなさい．

●**写真の貼り付け**　　デジタルカメラで撮影した写真を貼り付ける．写真はUSBメモリの「写真」フォルダに保存されているものとする．

 手順

❶ PowerPointを起動し，「会社案内」のプレゼンテーションを開く．

❷ ［新しいスライド］ボタン ⊞ の下にあるボタン ˅ → ［タイトル付きの
コンテンツ］を選択する.

❸ ［挿入］タブ → ［画像］ボタン 🖼 をクリックし［このデバイス（D）］
を選択する.

Advice
❸では，プレースホル
ダーにある「図」をク
リックしてもよい

❹ 「図の挿入」のダイアログボックスが表示されたら［USB ドライブ（E:）］
の「写真」のフォルダを選択し，挿入する写真（大原三千院）をクリッ
クする.

❺ ［挿入（S）］ボタンをクリックすると，写真が貼り付けられる.

●飾り文字の貼り付けとテキストの入力　　タイトルを飾り文字で貼り付
ける．この方法は Word の場合とほぼ同じである.

▼手　順

❶ ［挿入］タブ→ ［ワードアート］ボタン A をクリックする.

Advice
ワードアートの操作法
は Word の場合と同じ
である.

❷ ［ワードアート］のメニューから適当なスタイルを選択する.

❸ ［ここに文字を入力］と表示されたら「社員旅行」と書き換える.

❹ 飾り文字の位置を移動する.

❺ テキストを入力する.

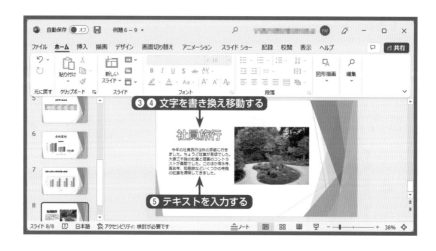

❻ テキストの文字のサイズ，フォント，色を適当に変更する.

6 動画と音楽の挿入

　スマホなどで撮影した動画や BGM として音楽をスライドに挿入し，プレゼンテーションの効果を一層高めることができる.

例題 6-11　動画と音楽の挿入

　「会社案内」のプレゼンテーションに次のようなスライドを追加しなさい.

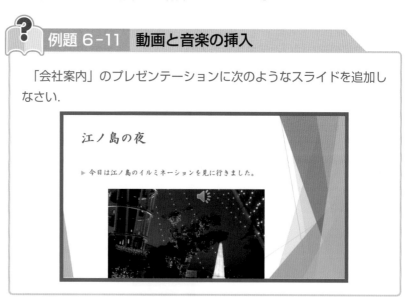

●**動画の挿入**　　スライドに動画を挿入する.

❶［新しいスライド］ボタン □ の下にあるボタン ˇ →［タイトルとコンテンツ］を選択する.

❷ タイトルとテキストを入力する.

❸ ［挿入］タブ→ ［ビデオ］ボタン → ［このデバイス(T)］を選択する.

❸の操作において, 新しいスライドの［ビデオの挿入］をクリックしてもよい.

❹ 動画が記録されている「ビデオ」フォルダを開き, 「江ノ島」をクリックし, ［挿入(S)］をクリックすると, 動画がスライドに挿入される.

●動画の編集　　動画の前後の不要な部分を削除する.

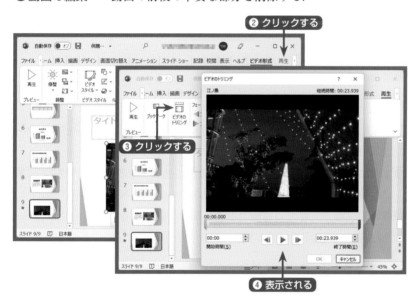

手　順

❶ 挿入した動画をクリックする.

❷ ［再生］タブをクリックする.

❸ ［ビデオのトリミング］をクリックする.

❹ 「ビデオのトリミング」ダイアログボックスが表示される.

❺ 緑色のスライダーを開始位置にドラッグする.

❻ 赤色のスライダーを終了位置にドラッグする.

❼ ［OK］ボタンをクリックする.

CHAPTER 6 | PowerPoint によるプレゼンテーション資料の作成

117

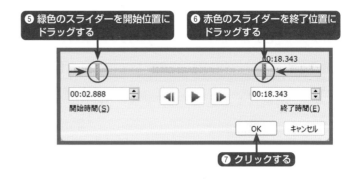

❺ 緑色のスライダーを開始位置に
ドラッグする

❻ 赤色のスライダーを終了位置に
ドラッグする

00:18.343

00:02.888 開始時間(S)

00:18.343 終了時間(E)

OK キャンセル

❼ クリックする

❽ 音楽を挿入するためビデオの［**音量**］の［**ミュート**］をクリックする.

❽ クリックする

Advice

❶, ❷の操作は, ビデオの場合とほぼ同じである.

Advice

❷の音楽は, 各自で用意すること.

Advice

❷以降の操作は, ビデオとオーディオの違いはあっても操作方法は, ほぼ同じである.

Advice

動画の再生時間と音楽の再生時間を合わせておくとよい.

●音楽の挿入

手 順

❶ ［挿入］タブ→［オーディオの挿入］ボタン ◁)) →［このコンピューター上のオーディオ(P)］を選択する.

❷ 音楽が記録されているフォルダを開き, ファイル名をクリックし, ［**挿入(S)**］をクリックすると, 音楽がスライドに挿入される.

●音楽の編集　　音楽の前後の不要な部分を削除する.

手 順

❶ 音楽を挿入すると, サウンドのアイコンが表示される.

❷ ［**再生**］タブの［**オーディオのトリミング**］をクリックする.

❸ 緑色のスライダーを開始位置にドラッグする.

❹ 赤色のスライダーを終了位置にドラッグする.

❺ ［OK］ボタンをクリックする.

❻ ［スライドショーを実行中にサウンドのアイコンを隠す］をチェックする.

❼ ［一連のクリック動作(I)］をクリックして［自動(A)］を選択する.

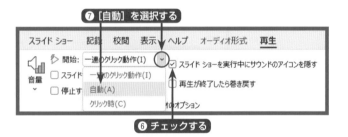

<section>
</section>

6・4　プレゼンテーションの表示効果

　より一層アピールするプレゼンテーションを行うために，PowerPoint
では，画面の切り替えに特殊効果を加えたり，アニメーション効果や効果
音を設定することができる.

1 画面の切り替え

　スライドショーにおいて，画面を切り替えるときスライドイン，ブライ
ンドなどさまざまな切り替え効果を設定できる.

例題 6-12　画面の切り替え

「会社案内」のプレゼンテーションに次の処理を行いなさい.
(1) すべてのスライドに画面切り替え効果を設定する.
(2) 1枚目のスライドにのみ画面切り替え効果を設定する.
(3) 自動的にスライドを切り替える.

●すべてのスライドに画面切り替え効果を設定　　画面切り替え効果は,
すべてのスライドに設定できる.

Advice

[画面切り替え] タブ
の [サウンド] を選択
し, [すべてに適用]
をクリックすると, ス
ライドが切り替わるご
とに選択したサウンド
を入れることができ
る.

❶「会社案内」のプレゼンテーションを開く.
❷ [**画面切り替え**] タブをクリックする.
❸ [**画面切り替え**] の [**その他**] ボタン ▽ をクリックする.

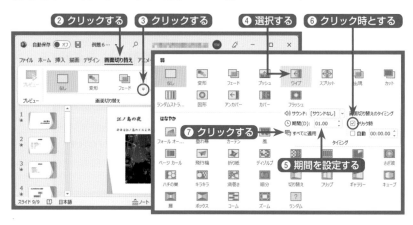

❹ 表示された効果のメニューから [**ワイプ**] ◁ を選択する.
❺ [**期間(D)**] テキストボックス ⏰ を「01.00」とする.
❻ [**画面切り替えのタイミング**] の [**クリック時**] をチェックする.
❼ [**すべてに適用**] をクリックする.
❽ スライドショーを実行する.

●**画面切り替え効果の解除**　　設定した画面切り替え効果を解除する.

❶ [**画面切り替え**] タブ→ [**画面切り替え**] の [**その他**] ボタン ▽ をクリッ
クする.
❷ 表示された効果のメニューから [**なし**] ☐ を選択する.
❸ [**すべてに適用**] をクリックする.

●**特定のスライドのみ画面切り替え効果を設定**　　特にアピールしたいス
ライドのみ画面切り替え効果を設定する.

❶「会社案内」のプレゼンテーションを開き，設定するスライドをクリックする.

❷ 画面切り替え効果を設定するときの❸〜❻の操作を行う（❼の操作はしない）.

●スライドの自動切り替え　　クリックしないで，自動的にスライドショーを進行する.

❶ 画面切り替え効果を設定する.

❷［画面切り替えのタイミング］の［クリック時］のチェックをはずす.

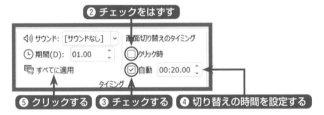

❷ チェックをはずす

⑤ クリックする　❸ チェックする　❹ 切り替えの時間を設定する

❸［自動］をクリックする.

❹ 切り替えの時間を「20秒」に設定する.

❺［すべてに適用］をクリックする.

❻［スライドショー］タブの［スライドショーの設定］ボタン 🖳 をクリックすると現れるダイアログボックスにおいて，［保存済みのタイミング(U)］をチェックしておく.

② アニメーションの設定

　スライド上の文字や図形などのオブジェクトを効果的に印象深く見せるために，文字や図形に動きを加えるアニメーションの効果を設定する.アニメーションの種類には，開始，強調，終了がある.

例題 6-13　アニメーションの設定

　「会社案内」のプレゼンテーションに次の処理を行いなさい.
(1) 2枚目の「会社概要」のスライドの項目を1行ずつ表示させる.
(2) 6枚目の「売上グラフ」のグラフを項目の要素別に表示させる.
(3)「社員旅行」のスライドの写真に強調のアニメーション（スピン）を設定する.
(4)「おわり」と表示するスライドを追加する.
(5)「おわり」のスライドに終了のアニメーションを設定する.

● 1 行ずつ表示　　スライドの箇条書きを最初から一度に見せるのではなく，説明の流れに合わせて 1 行ずつ表示するように設定する．

❶「会社概要」スライドを選択し，テキストをクリックする．

❷ ［アニメーション］タブで ［スライドイン］☆ を選択する．

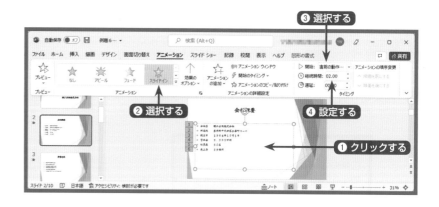

❸ ［開始］リストボックスで ［直前の動作の後］を選択する．

❹ ［継続時間］テキストボックスを「02.00」に設定すると，2 秒間隔で 1 行ずつ表示される．

●グラフを効果的に表示

❶「売上グラフ」のスライド選択し，グラフエリアをクリックする．

❷ ［アニメーション］タブで ［ワイプ］☆ を選択する．

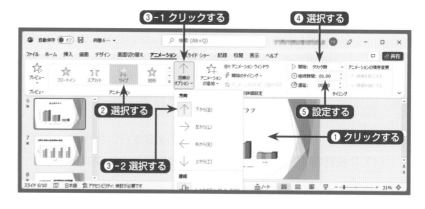

❸ ［効果のオプション］ボタン ↑ をクリックし，［方向］の ［下から(B)］を選択する．

❹ ［開始］リストボックスで ［クリック時］を選択する．

❺ ［継続時間］テキストボックスを「01.00」に設定する．

PowerPoint によるプレゼンテーション資料の作成

CHAPTER 6

●強調　　「社員旅行」のスライドの写真にスピンを設定する.

❶「社員旅行」のスライドの写真をクリックする.

❷［アニメーション］タブで［スピン］✦を選択する.

Advice

［アニメーション］タブの［効果のオプション］をクリックすると,回転方向と,1回転,2回転など回転の度合いを変更できる.

●終了　　「おわり」の文字にスライドアウトのアニメーションを設定する.

❶「おわり」のスライドを作成し,タイトルの文字をクリックする.

❷［アニメーション］タブで［終了］の［フェード］✦を選択する.

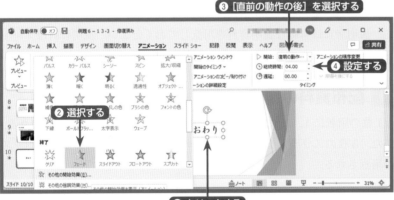

Advice

❶では［タイトルのみ］のスライドを選択する.

❸［開始］リストボックスで［直前の動作の後］を選択する.

❹［継続時間］テキストボックスを「04.00」に設定する.

●アニメーションの解除　　アニメーションは次のようにして解除できる.

❶［アニメーション］タブの［アニメーションウィンドウ］をクリックする.

Advice

画面の切り替え時にいろいろなサウンドが出るように設定できる.［画面切り替え］タブ→［サウンド］🔊の▾ボタンをクリックすると,各種のサウンドのメニューが表示されるので,適当なサウンドを選択する.

❷ 右に表示された［アニメーションウィンドウ］のボタン ▾ をクリック
する.

❸［削除（R）］をクリックする.

6・5　説明資料の作成

　PowerPoint を使ってプレゼンテーションを行うとき，スライド表示だ
けで発表を行うこともできるが，これでは，説明後に出席者の手元に何も
残らない．説明を効果的に行うためには，出席者に説明資料を渡しておく
必要がある．また，スライドには，通常必要な項目のみ箇条書きにしてお
く．説明者には詳細な説明資料を用意しておくとよい．説明資料はノート
を使って作成できる．

1 配布資料の作成

　1 枚の用紙に 1，2，3，4，6，9 枚のスライドを印刷することができる.
また，3 枚のスライドを印刷したときのみ，出席者がメモを取るスペース
が用意される.

例題 6-14　配布資料の作成

　メモスペースのある配布資料（1 ページ 3 スライド）を作成しな
さい.

●メモスペースのある配布資料の作成　　3 枚のスライドを印刷する.

❶「会社案内」のプレゼンテーションを開く.

❷ [ファイル] タブ→ [印刷] をクリックする.

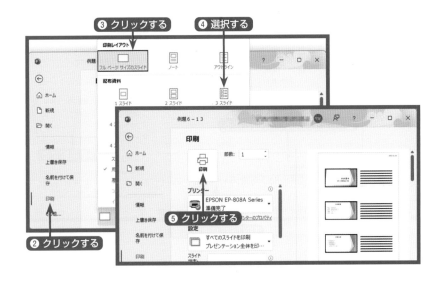

❸ [設定] の [フルページサイズのスライド] をクリックする.
❹ [配布資料] のメニューから [3 スライド] を選択する.
❺ プレビューで確認してから [印刷] をクリックする.

ノートの作成

ノートは説明者用の資料で，説明用の原稿やメモをスライドごとに作成
する.

❓ 例題 6-15 ノートの作成

「会社案内」プレゼンテーションの「会社案内」スライドに，適当
なノートを作成しなさい.

●ノートの作成

❶「会社案内」のスライドを表示しておく.
❷ [表示] タブの [プレゼンテーションの表示] にある [ノート] ボタン
🗒 をクリックすると，ノート入力モードに変わる.

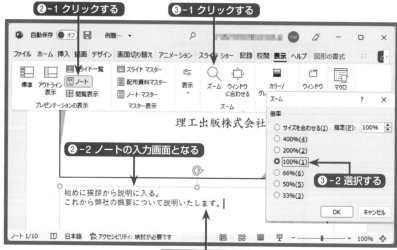

❸は文字を拡大して入力しやすくするために行う.

[ホーム] タブをクリックすると, 文字列の書式が変更できる.

❸ [ズーム] ボタン🔍をクリックし, 倍率の [100%(1)] を選択する.

❹ 適当なノートを入力する.

●ノートの印刷　　スライドだけでなくノートも印刷する.

❶ [ファイル] タブ→ [印刷] をクリックする.

❷ [設定] の [フルページサイズのスライド] をクリックする.

❸ [ノート] を選択する.

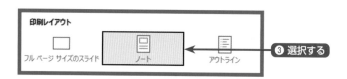

❹ [印刷] をクリックすると, ノート付きで印刷できる.

1. 本章で作成した「会社案内」のプレゼンテーションをいろいろな
   デザインに変更しなさい.

2. 次のような図を作成しなさい.

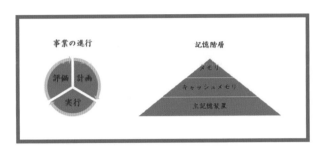

3. 例題6-8で作成したグラフを横棒グラフに変更しなさい.

4. 例題6-12の画面切り替え効果のパターンを変えなさい.

5. 次のスライドを参考に,地図やグラフ,写真,動画などを入れて,
   あなたの住んでいる街を紹介するプレゼンテーションを作成しなさ
   い.

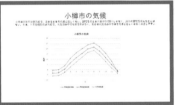

おわり

ぜひ小樽へお越しください。

6. 次のプレゼンテーションを作成しなさい．表は Excel ファイル「演習問題 6−6」を利用し，グラフは Excel で作成し，スライドに貼り付けなさい．

求人情報

各社の求人情報

A商事株式会社　会社概要

- 会社名　　A商事株式会社
- 本社　　　大阪府堺市
- 支店　　　神戸市、姫路市、名古屋市、大阪市
- 資本金　　１３２億円
- 社員数　　２４３人
- 事業内容　繊維、食品、生活用品、その他

A商事株式会社　募集要項

- 募集職種　総合職
- 募集人員　１５名
- 応募資格　２０２３年３月　大学卒業見込み者
- 勤務地　　本社
- 初任給　　２５万円
- 応募書類　履歴書、成績証明書、卒業見込み証明書

B工業株式会社

- 会社名　　B工業株式会社
- 本社　　　東京都千代田区外神田X−X−X
- 設立　　　平成16年4月1日
- 工場　　　東京都大田区、神奈川県川崎市
- 事業内容　ディゼルエンジン、ガスタービンなどの製造
- 社員数　　５２４名

B工業株式会社　募集要項

- 募集要項　事務職5名　技術職２０名
- 勤務地　　東京本社　東京都大田区、神奈川県川崎市
- 初任給　　24, 5000円
- 福利厚生　社員寮、各種福利厚生施設
- 勤務時間　8時30分〜17時30分
- 休暇日数　週休2日、有給休暇20日

職種別就職者数

7. あなたの学科を紹介するプレゼンテーションを作成しなさい．

8. あなたが入社したい会社を紹介するプレゼンテーションを作成しなさい．

9. 作成したプレゼンテーションをいろいろな形式で印刷しなさい．

CHAPTER 7
Access によるデータベース

こ の章では，データベースの作成，レコードの検索・抽出・並べ替え，フォームの作成，
印刷など，データベースソフト Access によるデータベースの基本的な取り扱い方を
学ぶ.

7・1　Access の構成

　Access は，テーブル，クエリなどから構成される.

●**テーブル**　　テーブルはデータベースで最も重要なもので，入力したデー
タを保存しておく**オブジェクト**である．Access では，1つ以上複数のテー
ブルを取り扱うことができる．テーブルはフィールドとレコードから構成さ
れる．テーブル上で，抽出・並べ替え・計算・編集などができる.

●**クエリ**　　クエリは，テーブルのフィールドを組み合わせたり，抽出条
件を設定してテーブルから必要なレコードを取り出すためのオブジェクト
である．すなわち，クエリ自体は，何のデータも持たず，テーブルの関連
付けや検索条件などの情報を持った小さなオブジェクトで，実際のデータ
処理には，元のテーブルを使用する．小さなクエリを使うことによって，
データ処理を合理的に行うことができる．テーブルのデータを変更すれば，
クエリを使って得られる結果も連動して変わる.

●**フォーム**　　フォームは，テーブルやクエリのレコードを帳票形式に見
やすくレイアウトして，データの入力，表示，印刷などを行うためのオブ
ジェクトである．フォームの自動作成機能を使うと，テーブルを指定する
だけで簡単にフォームを作ることができる.

●**レポート**　　レポートは，テーブルやクエリのデータを見やすいレイア
ウトにして印刷するためのオブジェクトである．フォームが主として入力
に使うのに対して，レポートは印刷に使う．レポートでは，集計計算もで
きる.

●**マクロ**　　データベースで各種のデータ処理を行うには，いろいろな操
作を連続して行う．これらの操作を自動化して，ボタンをクリックするな
どの単純な操作でできるようにしたオブジェクトが**マクロ**である.

●**モジュール**　　モジュールは，**VBA** と呼ばれるプログラム言語を使っ
て，作成したプログラムである．これは複雑な処理を行うときに使う.

Advice

Access を構成する
テーブル，クエリ，
フォーム，レポートな
どの要素をオブジェク
トという.

Advice

フィールドは Excel の
列（項目名）に，レコー
ドは Excel の行（1つ
のデータ）に相当する
と考えられる.

テーブル，クエリ，フォー
ム，レポートの関係は
図のようになる.

Advice

マクロとモジュールは
本書では扱わない.

Advice

VBA は Visual Basic
for Applications の略.

7・2　テーブルの作成

　データベースの基本となるテーブルを作成する.

例題 7-1　　住所録の作成

　データシートビューを使って，次のような住所録を作成し，USB
メモリに保存しなさい．

ID	氏名	ふりがな	年齢	性別	郵便番号	都道府県	住所	携帯番号
1	阿部 ゆかり	あべ ゆかり	21	女	227-0038	神奈川県	横浜市青葉区奈良×-×-×	090-6235-0000
2	安藤 健司	あんどう けんじ	20	男	111-0032	東京都	台東区浅草×-×-×	090-5542-0000
3	斉藤 肇	さいとう はじめ	19	男	192-0913	東京都	八王子市北野台×-×-×	080-4732-0000
4	平井 尚子	ひらい なおこ	19	女	196-0001	東京都	昭島市美堀町×-×-×	090-5649-0000
5	山本 美佳	やまもと みか	20	女	232-0066	神奈川県	横浜市南区六ツ川×-×-×	090-4827-0000
6	中田 浩一	なかた こういち	18	男	270-0032	千葉県	松戸市新松戸北×-×-×	090-5542-0000
7	大谷 純也	おおたに じゅんや	22	男	183-0012	東京都	府中市押立町×-×-×	090-3334-0000
8	藤井 浩介	ふじい こうすけ	19	男	998-0855	山形県	酒田市東中の口町×-×-×	090-5577-0000
9	藤波 美紀	ふじなみ みき	19	女	883-0033	宮崎県	日向市塩見×-×-×	090-3321-0000
10	花井 真弓	はない まゆみ	21	女	277-0022	千葉県	柏市泉町×-×-×	090-5577-0000
11	山井 義則	やまい よしのり	19	男	110-0007	東京都	台東区上野公園×-×-×	090-2243-0000
12	坂田 大輔	さかた だいすけ	22	男	254-0061	神奈川県	平塚市御殿×-×-×	090-4443-0000
13	鈴木 京子	すずき きょうこ	21	女	354-0031	埼玉県	富士見市勝瀬×-×-×	090-3356-0000
14	菅野 隆文	かんの たかふみ	19	男	197-0821	東京都	あきる野市小川×-×-×	080-4387-0000
15	永島 碧	ながしま みどり	22	女	215-0031	神奈川県	川崎市麻生区栗平×-×-×	090-2243-0000
16	中島 純一	なかじま じゅんいち	23	男	305-0861	茨城県	つくば市谷田部×-×-×	090-5631-0000
17	大橋 久子	おおはし あつこ	21	女	222-0002	神奈川県	横浜市港北区師岡町×-×-×	080-3612-0000
18	高橋 敦史	たかはし あつし	38	男	210-0816	神奈川県	川崎市川崎区大師町×-×-×	090-2224-0000
19	鈴木 浩史	すずき ひろし	25	男	271-0091	千葉県	松戸市本町×-×-×	080-6712-0000
20	斉藤 雅子	さいとう まさこ	51	女	266-0011	千葉県	千葉市緑区鎌取町×-×-×	090-3356-0000
21	高橋 あき	たかはし あき	36	女	190-0012	東京都	立川市曙町×-×-×	090-3351-0000
22	加藤 智子	かとう ともこ	19	女	261-0003	千葉県	千葉市美浜区高浜×-×-×	090-4638-0000
23	加瀬 みどり	かせ みどり	22	女	350-1321	埼玉県	狭山市上広瀬×-×-×	090-7621-0000
24	遠藤 桃子	えんどう ももこ	41	女	274-0824	千葉県	船橋市前原東×-×-×	090-2221-0000
25	北島 拓也	きたしま たくや	21	男	108-0071	東京都	港区白金台×-×-×	090-4455-0000
26	橋本 昭彦	はしもと あきひこ	51	男	135-0043	東京都	江東区塩浜×-×-×	090-3729-0000
27	武藤 正友	むとう まさとも	19	男	341-0002	埼玉県	三郷市彦音×-×-×	090-3728-0000
28	長田 芳典	おさだ よしのり	20	男	277-0012	千葉県	柏市桜台×-×-×	090-6631-0000

1 データベースの作成

　データベースで使用するテーブル，クエリなどのオブジェクトを入れる
空のデータベースを作成する．

 手順

❶ Access を起動すると，次の初期画面が表示される．

❷ ［空のデータベース］をクリックする．

❷ クリックする

❸ ファイル名「例題 7-1」を入力する．

❹ ［フォルダ］ボタン 🗀 をクリックする．

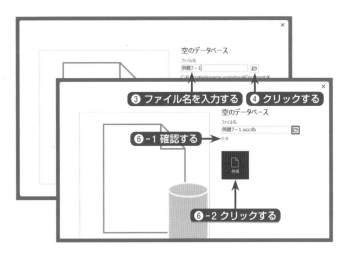

③ ファイル名を入力する　④ クリックする

⑥-1 確認する

⑥-2 クリックする

❺ 保存先に［USB ドライブ（E:)］を選択する.

❻ 保存先を確認し，［作成］ボタン ▣ をクリックすると，次のようにテーブルの作成画面となる.

② テーブルの作成

　まず「データシートビュー」でフィールド名を入力し，その後に「デザインビュー」に切り替えてフィールドのデータ型を確認する.

 手順

❶［クリックして追加］をクリックし，［短いテキスト（T)］を選択する.

❷［フィールド 1］と表示されたら，「氏名」と入力する.

❸ 同様にして，次のようにフィールド名を入力する.

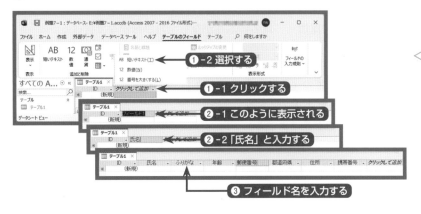

❶-2 選択する

❶-1 クリックする

❷-1 このように表示される

❷-2「氏名」と入力する

❸ フィールド名を入力する

 Advice

［ファイル］タブ→［オプション］を選択し，保存先を指定しておくこともできる.

Advice

［作成］タブ→［テーブル］ボタンをクリックすると，1 つのデータベースに複数のテーブルを作成することができる.

Advice

「データシートビュー」は，テーブルに保存されているデータを表形式で表示する画面，「デザインビュー」はフィールド名やデータ型などを詳細に定義する画面である.

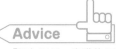 Advice

「ID」には，自動的に一連番号が付けられる.

❹ [ホーム] タブの [表示] ボタン  の下のボタン ˇ をクリックする.

❹ クリックする

❺ クリックする　❻-1 テーブル名を入力する　❻-2 クリックする

❺ [デザインビュー(D)] をクリックすると,「名前を付けて保存」のダイアログボックスが表示される.

❻ テーブル名「住所録」を入力し, [OK] ボタンをクリックする.

❼ デザインビューで表示される.

Advice

左下のステータスバーに「デザインビュー」と表示されている.

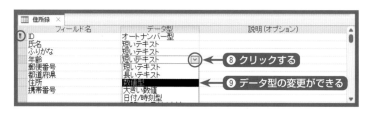

❽ クリックする
❾ データ型の変更ができる

❽ 「年齢」のデータ型のボタン ▽ をクリックする.

❾ 「数値型」を選択すると, データ型の変更ができる.

　「ID」フィールドに ▮ マークが付いているが, これは「ID」フィールドが主キーとなっていることを示している. 主キーはテーブルのレコードを識別するためのものである. また,「ID」フィールドのデータ型が「オートナンバー型」となっているが, これにより各レコードのデータを入力するときに, 自動的に 1 番から順番に番号が入力される.

③ ふりがなと住所入力支援

　氏名を入力するとふりがなが, 郵便番号を入力するとそれに対応した都道府県名・区市町名・地区名が入力されるように設定する.

●ふりがな入力支援　　氏名にふりがなを全角ひらがなで付ける.

 手 順

❶ フィールド名の「氏名」をクリックし, フィールドプロパティの [ふりがな] 欄をクリックする.

❷ ボタン … をクリックする.

Advice

変更の保存を確認するメッセージが表示された場合は [はい] をクリックする.

❸ 「ふりがなウィザード」の警告ダイアログボックスが表示されたら [はい(Y)] ボタンをクリックする.

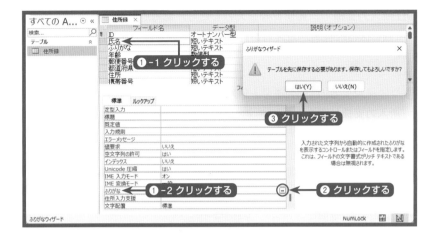

❹「ふりがなウィザード」ダイアログボックスが表示されるので,[ふり
がなの入力先]で,「既存のフィールドを使用する」を選択し,「ふり
がな」フィールドを選択する.

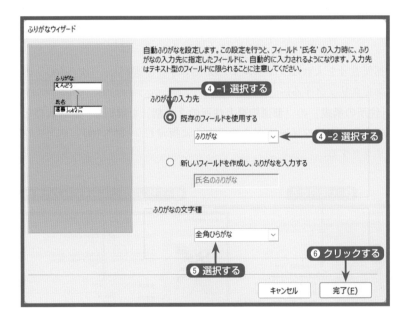

❺［ふりがなの文字種］に「全角ひらがな」を選択する.

❻［完了(F)］ボタンをクリックする.

❼「……変更してよろしいですか?」という確認のダイアログボックスが
表示されたら［OK］ボタンをクリックする.

●住所入力支援　　郵便番号を入力したら，都道府県欄に都道府県名が，住所欄に区市町村名，地区名が自動的に入力されるように設定する．

❶ フィールド名の「郵便番号」をクリックし，フィールドプロパティの[**住所入力支援**]欄をクリックする．

❷ ボタン <u>…</u> をクリックする．

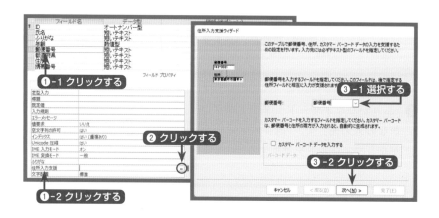

❸ 郵便番号を入れるフィールド「郵便番号」を選択し，[**次へ(N)**] ボタンをクリックする．

❹ [**住所の構成**]の[**都道府県と住所の2分割**]を選択し，都道府県と住所を入力するフィールドを次のように指定し，[**次へ(N)**] ボタンをクリックする．

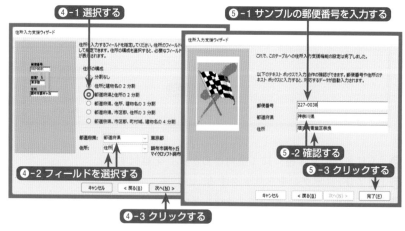

Advice

郵便番号は半角で入力する．

❺ サンプルの郵便番号を入力し，都道府県・住所が入ることを確認し，[**完了(F)**] ボタンをクリックする．

❻ 「……変更してよろしいですか?」という確認のダイアログボックスが表示されたら[**OK**]ボタンをクリックする．

4 フィールドの追加

テーブルを作成した後からでもフィールドを追加できる．「年齢」の次に「性別」のフィールドを追加する．

❶ フィールド名「郵便番号」をクリックし，追加する位置を指定する．

❷ ［テーブルデザイン］タブの［行の挿入］ボタン ≣← をクリックして，空白行を 1 行追加する．

Advice

❶，❷では，フィールド名「郵便番号」を右クリックし，表示された［行の挿入(I)］をクリックしてもよい．

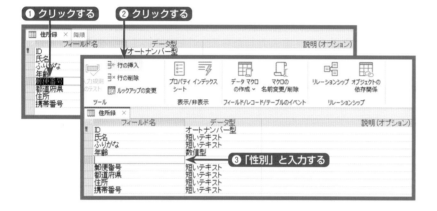

❸ 1 行空白行ができたら，フィールド名欄に「性別」と入力する．

❹ データ型が［短いテキスト］となる．

❺ ［表示］→［データシートビュー(H)］をクリックする．

❻ 「……保存してもよろしいですか？」と表示されたら，［はい(Y)］をクリックすると，データ入力画面となる．

5 列幅の変更

フィールド数が多くなると，画面にすべてのフィールドが表示できなくなる．また，フィールドの幅が狭くデータが表示できないこともある．このときには，次のようにして簡単に列幅を変更できる．

❶ 「ID」の列幅を狭くする．「ID」と「氏名」のフィールド名欄の境界をポイントすると，マウスポインタの形が ✛ となる．

❷ 左または右方向にドラッグすると，列幅が狭くまたは広くなる．

❸ 同様にして，各列幅を適当に変更して，表を見やすくする．

Advice

複数のフィールドの列幅を同じ幅に変更するときには，1 つのフィールド名をクリックした後，Shift キーを押しながら次のフィールド名をクリックし，複数列を範囲指定してからドラッグする．

データの入力

テーブルの枠組みができたので，テーブルにデータを入力する.

 手順

❶「ID」には自動的に一連番号が付けられるので入力しない.

❷「氏名」を入力すると，「ふりがな」欄にふりがなが入力される.

❸「年齢」「性別」を入力する.

❹「郵便番号」を入力すると，都道府県・市区町村・地区名が自動的に入力されるので，地番を入力する.

❺「携帯番号」を入力する.

❻ 1人分の住所データを入力したら Enter キーを押すと，2人目の入力欄にカーソルが移るので，同様にして，次々とデータを入力する.

Advice

郵便番号は半角で入力する.

ID	氏名	ふりがな	年齢	性別	郵便番号	都道府県	住所	携帯番号
1	阿部 ゆかり	あべ ゆかり	21	女	227-0038	神奈川県	横浜市青葉区奈良×－×－×	090-6235-0000
2	安藤 健司	あんどう けんじ	20	男	111-0032	東京都	台東区浅草×－×－×	090-5542-0000

7・3 データベースの取り扱い

レコードの並べ替え・抽出およびテーブルの印刷など，データベースの取り扱いについて学ぶ.

① レコードの並べ替え

データベースのレコードは，特に指定しない限り主キーを基準として並べられている.これを任意のフィールドを基準として並べ替えることができる.レコードの並べ替えには，**昇順**と**降順**がある.昇順は，指定したフィールドについて「0～9」「A～Z」「ア～ン」の順に並べ替えるものである.降順は，昇順とは逆の順に並べ替える.並べ替えの基準となるフィールドは複数指定できる.

● 1つのフィールドを基準に並べ替える

例題 7-2　1つのフィールドで並べ替え

例題7-1の「住所録」テーブルを「ふりがな」の五十音の昇順に並べ替えなさい.

Advice

❷において < をクリックすると，ボタンは > と変わるので，これをクリックすると，元に戻る.

●並べ替え

手順

❶ 例題7-1の「住所録」テーブルを表示しておく.

❷［シャッターバーを開く/閉じるボタン］ < をクリックすると，レコー

136

ドのみの表示となり，見やすくなる．

❷ クリックする

❸ 並べ替えの基準となるフィールド「ふりがな」のフィールド名または
データをクリックする．

❹ ［ホーム］タブの［昇順］ボタン ↓ をクリックすると，「ふりがな」
の昇順で並べ替えが行われる．

❸ クリックする　❹ クリックする

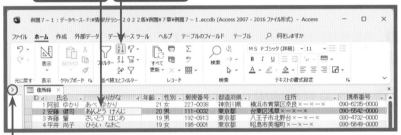

クリックすると元に戻すことができる

また，ここで［降順］ボタン ↓ をクリックすると，降順で並べ替えら
れる．

●並べ替えの解除　並べ替えを解除して，元の状態に戻す．

❶ ［ホーム］タブの［並べ替えの解除］ボタン をクリックする．

❶ クリックする

●複数のフィールドを基準に並べ替える

 例題 7-3　　複数のフィールドで並べ替え

例題 7-1 の「住所録」テーブルを「都道府県」の降順に，また，
「都道府県」が同じときには「ふりがな」の五十音の昇順に並べ替え
なさい．

Advice
「ID」の昇順に並べ替
えてもよい．

設定条件の優先順位の低い順から並べ替える.

❶「住所録」テーブルを表示しておく.

❷「ふりがな」のフィールドのボタン ▾ をクリックする.

❸[昇順で並べ替え(S)]をクリックする.

❹「都道府県」のフィールドのボタン ▾ をクリックする.

❺[降順で並べ替え(O)]をクリックする.

都道府県の降順で並べ替えると,都道府県名の文字コードの降順に並べ替えられる.「文字コード」はコンピュータで文字を扱うために個々の文字に割り当てられた数値である.

2 レコードの抽出

抽出は,テーブルの中から指定した条件に適合するレコードだけを抽出する機能である. 抽出はフィルターともいい,多数のレコードをふるいにかけて必要なレコードだけを選び出す機能である.

例題 7-4　レコードの抽出

例題 7-1 の「住所録」テーブルから次の人を抽出しなさい.
(1) 東京都で年齢が 22 歳の人
(2) 年齢が 21 歳以下の人
(3) 鈴木さん

●フィルターボタンによる抽出　　東京都の年齢が 22 歳の人を抽出する.
この場合は,フィルターボタンを使うと,簡単に抽出ができる.

❶ 例題 7-1 の「住所録」テーブルを表示しておく.

❷「都道府県」のフィールドのボタン ▾ をクリックする.

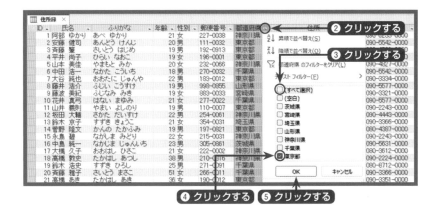

❸ [すべて選択] チェックボタン ☑ **(すべて選択)** をクリックすると，すべてのチェックがはずれる.

❹「東京都」のチェックボタン ☑ 東京都 をクリックする.

❺ [OK] ボタンをクリックすると東京都の人だけが抽出される.

❻ 同様にして，「年齢」のフィールドの「22」を抽出する.

●**抽出の解除**　抽出を行っても元のレコードがなくなったわけではないので，抽出を解除すれば，元のレコードが表示される.

　抽出された状態で，[**フィルターの実行**] のボタン ▽ をクリックすると，抽出が解除され，すべてのレコードが表示される.

●**フォームフィルターによる抽出**　前項では，指定した値と一致するレコードを抽出したが，今度は，「〜以上」または「〜以下」の条件で抽出する. 21 歳以下の人を抽出する.

[フィルターの実行]
ボタン▽ は [ホーム]
タブにある.

❶ 例題 7−1 の「住所録」テーブルを表示しておく.

❷「年齢」フィールドのボタン ▾ をクリックする.

❸ [数値フィルター(F)] をポイントする.

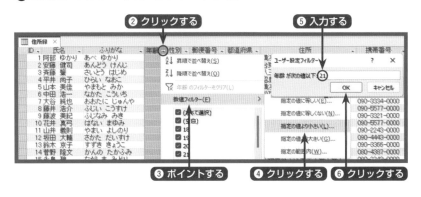

④ ［指定の値より小さい(L)］をクリックする.

⑤ 「ユーザー設定フィルター」のダイアログボックスで「21」を入力する.

⑥ ［OK］ボタンをクリックする.

●ワイルドカードを利用した抽出　　データベースから複数の鈴木さんを抽出するとき，「氏名」フィールドには名字だけでなく名前も含まれているため「鈴木」と完全に一致する氏名はない．このときワイルドカードを利用する．ワイルドカードには「＊」記号を使う．これは複数の文字列を表す．

鈴木＊	鈴木という文字列から始まる
＊鈴木	鈴木という文字列で終わる
＊鈴木＊	鈴木という文字列を含む

ワイルドカードの記号「＊」は半角文字である.

鈴木さんを検索するとき，次のようにしてもよい.
❶「氏名」フィールドのボタン ▾ をクリックする.
❷［テキストフィルター(F)］をポイントする.
❸［指定の値で始まる(I)］をクリックする.
❹「ユーザー設定フィルター」のダイアログボックスが表示されたら「鈴木」と入力する.
❺［OK］ボタンをクリックする.

手 順

❶ 氏名フィールドのボタン ▾ をクリックする.

❷ ［テキストフィルター(F)］をポイントする.

❸ ［指定の値に等しい(E)］をクリックする.

❹ 「ユーザー設定フィルター」のダイアログボックスで「鈴木＊」を入力し，［OK］ボタンをクリックする.

❹において，［＊］が全角で表示されたときは半角にする.

③ テーブルの印刷

　作成したテーブル全体や並べ替えや抽出を行ったテーブルを印刷することができる．印刷の方法は，Excel や Word の場合とほぼ同じである.

 例題 7-5　テーブルの印刷

例題 7-1 の「住所録」テーブルを印刷しなさい.

手 順

❶ プリンタを起動し，印刷可能の状態にしておく.

❷ 例題 7-1 の「住所録」テーブルを表示しておく.

❸ ［ファイル］タブ → ［印刷］ → ［印刷プレビュー］をクリックする.

❹ ［ページサイズ］［ページレイアウト］において用紙の選択や印刷の向きなどの設定を行う.

❺ 画面左上の［印刷］ボタン 🖶 をクリックする.

Accessでは，クエリを使って複数のテーブルのフィールドを組み合わせて抽出や印刷などを行うことができる．

1 クエリとリレーションシップ

●**クエリとは** 多数のフィールドを持つテーブルから必要なフィールドのみを抽出したり，複数のテーブルのフィールドを組み合わせて抽出・印刷などを行うオブジェクトがクエリである．例えば，「住所録」テーブルの一部のフィールドを抽出することができる．これが**選択クエリ**である．

住所録テーブルから「ID」「氏名」「郵便番号」「都道府県」「住所」を選択している．

クエリには，選択クエリのほか，実行される機能により**集計クエリ**，**テーブル作成クエリ**，**更新クエリ**，**削除クエリ**などがある．ここで注意することは，クエリは，テーブルから抽出する条件を指定するファイルであって，クエリ自体は実際のデータを持つものではない．データを持っているのは，テーブルである．

本書では，選択クエリのみを取り扱う．

2 選択クエリ

例題 7-6 選択クエリ

例題7-1の「住所録」テーブルにおいて，「ID」「氏名」「郵便番号」「都道府県」「住所」フィールドを抽出するクエリを作成しなさい．

選択クエリは，1つまたは複数のテーブルから指定したフィールドを選択し，作成したクエリである．選択クエリの作成には，**クエリウィザードを利用する方法**と**クエリデザインを使う方法**とがある．ここではクエリウィザードを使う．

❶ 例題7-1の「住所録」テーブルを開く．
❷ ［作成］タブの［**クエリウィザード**］ボタン 🔲 をクリックする．

❷ クリックする

❸「新しいクエリ」ダイアログボックスで [選択クエリウィザード] を選
択し, [OK] ボタンをクリックする.

❹「選択クエリウィザード」ダイアログボックスで中央の > をクリック
すると,「ID」が [選択したフィールド(S)] に移る.

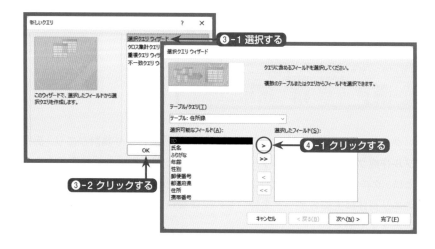
❸-1 選択する
❸-2 クリックする
❹-1 クリックする

❺ 同様にして,「氏名」「郵便番号」「都道府県」「住所」を移動する.

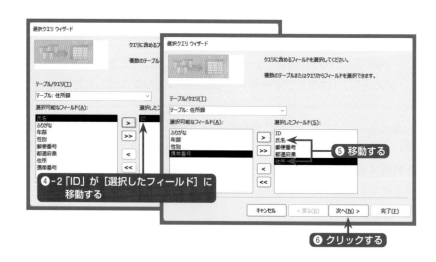
❹-2「ID」が [選択したフィールド] に移動する
❺ 移動する
❻ クリックする

❻ [次へ(N)] ボタンをクリックする.

❼ クエリ名「住所録選択クエリ」を入力した後,[完了(F)]ボタンをクリックする.

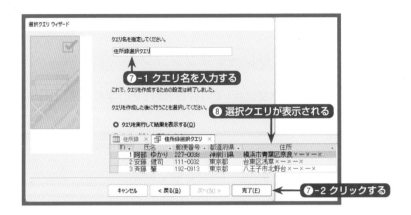

❽ 選択されたフィールドのみが表示される.

③ リレーションシップ

●リレーションシップとは　複数のテーブルを結合し,各テーブルのフィールドを関連付けて,テーブル操作をすることがある.結合するテーブル同士の関連を**リレーションシップ**という.すなわち,複数のテーブル間の共通となるフィールドの結びつきのことである.

次の「受講者」テーブルには,受講者の所属は「所属 ID」で記入されている.また,「所属」テーブルには,「所属 ID」「所属名」「所属電話番号」などが記入されている.この 2 つのテーブルを使って,「受講者 ID」「氏名」「講座名」「所属名」「所属電話番号」「郵便番号」「自宅住所」のクエリを作るには,2 つのテーブルに共通するフィールド「所属 ID」を使って関連付ければよい.

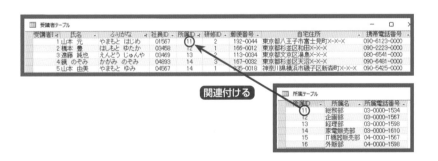

その結果,次のようなクエリが作成される.

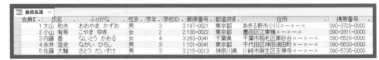

例題 7-7　リレーションシップ

次のような「六大学交流会」の「会員名簿」と「学校名簿」のテーブルを開きなさい.

２つのテーブルに共通するフィールド, 会員名簿の「学校 ID」と学校名簿の「学校 ID」で関連付け, 次のようなクエリを作成しなさい.

●リレーションシップ　　２つのテーブルに共通するフィールド,「学校 ID」で関連付ける.

❶ データベース「六大学交流会」を開く.

❷ [データベースツール] タブの [リレーションシップ] ボタン □ をクリックする.

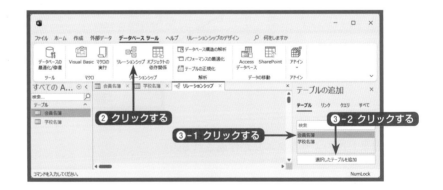

❸ テーブル［**会員名簿**］をクリックし，［**選択したテーブルを追加**］をク
リックすると，リレーションシップの領域に，テーブル［**会員名簿**］
が追加される．

❹ 同様にしてテーブル［**学校名簿**］を追加する．

❺［**会員名簿**］の「学校 ID」を［**学校名簿**］の「学校 ID」までドラッグ
する．

❻「リレーションシップ」のダイアログボックスが現れるので，［**作成（C）**］
ボタンをクリックすると，結合線が表示される．

❸では，テーブル［会
員名簿］をリレーショ
ンシップの領域にド
ラッグしてもよい．

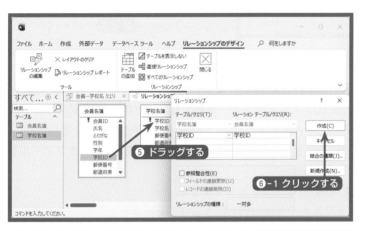

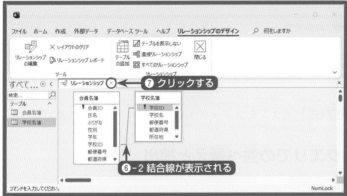

❼［**閉じる**］ボタン × をクリックする．

❽「リレーションシップのレイアウトの変更を保存しますか？」と表示さ
れたら［**はい（Y）**］ボタンをクリックすると，関連付けが保存できる．

●**クエリの作成**　与えられたフィールドを持つクエリを作成する．

❶［**作成**］タブの［**クエリウィザード**］ボタン 🔲 をクリックする．

❷「新しいクエリ」ダイアログボックスで［**選択クエリウィザード**］を選
択し，［**OK**］ボタンをクリックする．

❸ [テーブル / クエリ(T)] で「テーブル：会員名簿」を選択する.

❹ 「会員 ID」と「氏名」を [選択したフィールド(S)] に移す.

❺ [テーブル / クエリ(T)] で「テーブル：学校名簿」を選択する.

❻ 「学校名」「郵便番号」「都道府県」「所在地」を [選択したフィールド(S)]
に移す.

❼ [次へ(N)] ボタンをクリックする.

❽ クエリ名を「会員−学校名 クエリ」と指定する.

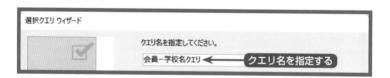

❾ [完了(F)] ボタンをクリックすると，クエリが表示される.

4 クエリでの並べ替えと抽出

 例題 7-8　　クエリでの並べ替えと抽出

　例題 7-7 で作成した「六大学交流会」のデータベースの「会員
−学校名」クエリにおいて，「会員 ID」の昇順に並べ替え，「文京工
業大学」の会員を抽出しなさい.

　クエリにおけるレコードの並べ替えや抽出もテーブルの場合と同様にで
きる．この場合，クエリ上で，並べ替えと抽出の条件を指定できる.

❶ 「会員−学校名」クエリを表示しておく.

❷ ［会員 ID］をクリックし，［ホーム］タブの［昇順］ボタン ↓ をクリックする．

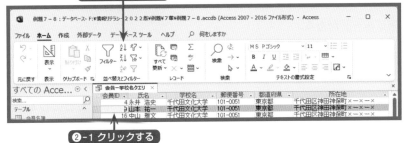

❷-2 クリックする

❷-1 クリックする

❸ テーブルの抽出と同様にして「文京工業大学」の会員を抽出する．

7・5 フォームの作成

　テーブルやクエリのデータを単票形式や表形式で見やすく表示し，データの入力や編集を行いやすくするためのオブジェクトが**フォーム**である．

1 フォームの概要

　テーブルやクエリのデータは，データシートビューで入力や編集ができるが，この場合は簡易な表形式なので操作しにくい欠点がある．テーブルやクエリのデータを単票形式や表形式で表示すると，データが見やすく操作しやすくなる．

　フォームでは，各フィールドのサイズや外観を自由にレイアウトすることができ，さまざまな形式でデータを表示することができる．しかし，フォーム自体にデータを持たせることはできないので，かならずテーブルやクエリと関連付けて作成しなければならない．

　フォームは，複数のテーブルやクエリと関連付けて作成でき，このフォームにおいて，データの入力や修正を行うと，元のテーブルが修正される．

　フォームには，次のものがある．

単票形式	1 レコードのフィールドを 1 枚のカードの形式で表示する
表形式	複数のレコードのフィールドを一覧表の形式で表示する
データシート形式	テーブルのデータシートの形式のまま表示する

2 フォームの作成

フォームの作成方法には，テーブルやクエリと必要なフィールドを選択し，用意された表示形式やスタイルを利用して，対話形式で作成する「フォームウィザード」と，オリジナルのフォームを作成できる「デザインビュー」がある．

例題7-9　フォームの作成

「住所録」のデータベースの「住所録」テーブルをもとにして，次のフォームを単票形式で作成しなさい．

●フォームの作成　　フォームウィザードを使用してフォームを作成する．

❶「住所録」のデータベースを開き，「住所録」テーブルを表示する．

❷ ［作成］タブの［フォームウィザード］ボタン 🗒 をクリックする．

❸「フォームウィザード」ダイアログボックスで必要なフィールドを選択し，［次へ(N)］ボタンをクリックする．

Advice

［作成］タブの［フォーム］ボタン 🖼 をクリックすると，すべてのフィールドを選択したフォームができる．

Access によるデータベース

CHAPTER 7

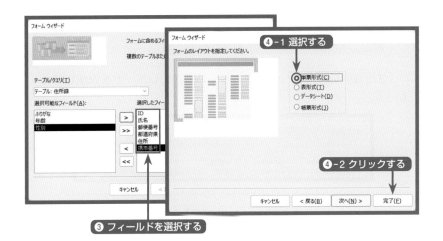

❸ フィールドを選択する

❹ [単票形式 (C)] を選択し, [完了 (F)] ボタンをクリックするとフォー
ムができる.

◀ Advice

❹ において [次へ (N)]
ボタンをクリックすると, スタイルやフォー
ム名の変更ができる.

●レコードの表示　　フォームには, テーブルの最初のレコードが表示さ
れているが, フォームの下部のボタンをクリックすることにより, 次々と
レコードを切り替えて表示することができる. ボタンを次に示す.

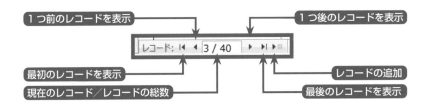

7・6　レポートの作成

1 レポートの概要

　レポートは, テーブルやクエリのデータをレイアウトを整えて印刷する
ためのオブジェクトである. フォームでもデータのレイアウトを整えて印
刷することはできるが, これは, 本来データの入力や修正を行うためのも
のである.

　レポートは, データベースの入力や修正の機能はないが, 集計機能や見
やすいレイアウトを作成する機能がある. また, 宛名ラベルやはがきへの
宛名印刷などもできる.

2 レポートの作成

　レポートの作成方法には, 対話形式で作成する「レポートウィザード」
とオリジナルのフォームを作成できる「レポートデザイン」がある.

例題 7-10　レポートの作成

　「住所録」のデータベースをもとにして次のレポートを作成しなさい.

　レポートウィザードを使用してレポートを作成する. この手順は, フォームの場合とほぼ同じである.

❶「住所録」のデータベースを開き,「住所録」テーブルを表示しておく.
❷ [作成] タブの [レポートウィザード] ボタン ⬚ をクリックする.
❸「レポートウィザード」ダイアログボックスが表示されるので, 必要なフィールドを選択し, [次へ(N)] ボタンをクリックする.
❹ グループレベルを指定する画面が表示されるが, ここでは必要ないので [次へ(N)] ボタンをクリックする.
❺ レコードを並び替える方法を指定する画面が表示されるが, 必要ないので [次へ(N)] ボタンをクリックする.
❻ 印刷形式の選択画面が表示されるので, [レイアウト] では [表形式(T)] を選択する.
❼ [印刷の向き] では [縦(P)] を選択し, [次へ(N)] ボタンをクリックする.

**Advice**
❹はフィールド別などでグループ化して印刷するときに指定する.

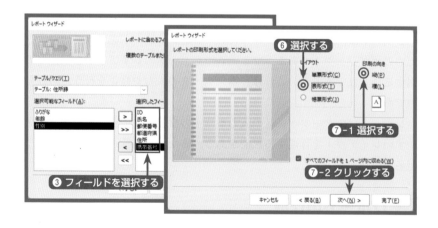

❽ レポート名の入力欄が表示されたら,「住所録」と入力する.
❾ [完了(F)] ボタンをクリックするとレポートができ, 印刷プレビュー形式で表示される.

Access によるデータベース
CHAPTER 7

❿ ［印刷プレビューを閉じる］✕ をクリックして，印刷プレビューを終了させる．

●フィールド幅の変更　　レポートが作成されたが，郵便番号欄と都道府県欄が広く，住所欄が狭いので，フィールドの幅を調整する．

❶ ［ホーム］タブの［表示］をクリックする．
❷ ［デザインビュー (D)］を選択する．

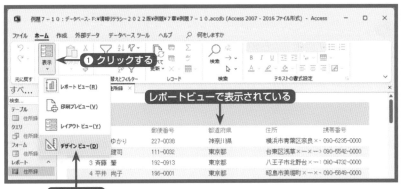

❸ 左右にドラッグしてフィールドの幅を調整する．
❹ 各フィールドの幅を調整する．

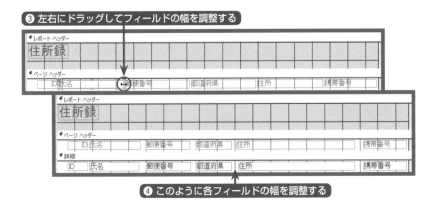

❺ レポートビュー表示にし，印刷する．

　Excel で作成した表を Access のテーブルとして読み込んで，Access で処理することができる.

　Excel には，簡易のデータベース機能もあるが，計算処理が得意なソフトであり，Access はデータベース処理が専門のソフトである. したがって，複雑な計算処理を含むデータベース処理の場合は，Excel で作成したワークシートを Access のテーブルに変換し，Access の高度の機能を利用したデータベース処理を行うとよい.

 例題 7-11　Excel から Access に変換

　例題 5-21 のゴルフ部部員名簿を Access のテーブルに変換しなさい.

● **Excel での操作**　　タイトルを削除し，1 行目にフィールド名がくるようにして，ファイル名「ゴルフ部員名簿 Excel」で USB メモリに保存する.
● **Access での操作**　　Excel のワークシートを Access のテーブルに変換する.

❶ Access を起動し，[**空のデータベース**] をクリックする.

❷ [**ファイル名(N)**] を「ゴルフ部員名簿 Access」とし，[**作成**] ボタンをクリックするとデータベースができる.

❸ [**外部データ**] タブの [**新しいデータソース**] をクリックする.

❹ [**ファイルから(F)**] をポイントし，[**Excel(X)**] をクリックする.

❺ [**参照(R)**] をクリックする.

❻ [**USB ドライブ(E:)**] の [**ゴルフ部員名簿 Excel**] を選択する.

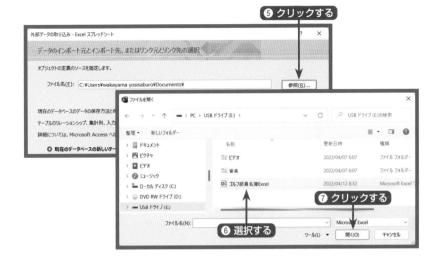

❼ [**開く(O)**] ボタンをクリックする.

❽ ファイル名を確認したら [**OK**] ボタンをクリックする.

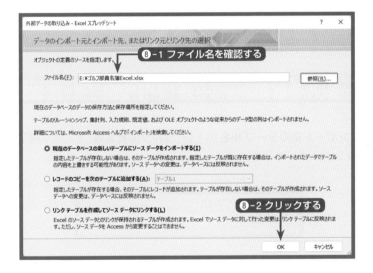

❾ [**名前のついた範囲(R)**] をクリックし, [**次へ(N)**] ボタンをクリックする.

❿［先頭行をフィールド名として使う(I)］をチェックし,［次へ(N)］ボタンをクリックする.

⓫［フィールド名(M)］が［番号］となっていることを確認し,［次へ(N)］ボタンをクリックする.

⓬［次のフィールドに主キーを設定する(C)］をクリックし,［次へ(N)］をクリックする.

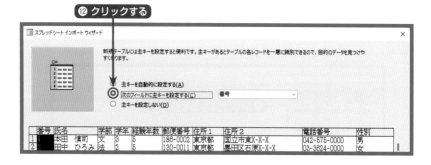

⓭［インポート先のテーブル名(I)］を［ゴルフ部員名簿］として［完了(F)］ボタンをクリックする.

⓮ テーブルを開いて,データがインポートされていることを確認する.

1. 次のような「受講者」テーブル,「所属」テーブルおよび「研修講座」テーブルを作成しなさい. データベース名を「演習 7-1」とし, 3 つのテーブルは, 同一のデータベースに作成する.「社員ID」はテキスト型, ふりがなと住所入力支援を使用する.

受講者テーブル

受講者ID	氏名	ふりがな	社員ID	所属ID	研修ID	郵便番号	自宅住所	携帯電話番号
2	橋本 豊	はしもと ゆたか	03468	12	1	166-0012	東京都杉並区和田X-X-X	090-2223-0000
3	遠藤 純也	えんどう じゅんや	03469	13	2	113-0034	東京都文京区湯島X-X-X	080-6541-0000
4	鏑 のぞみ	かがみ のぞみ	04893	14	3	167-0032	東京都杉並区天沼X-X-X	090-6481-0000
5	山本 由美	やまもと ゆみ	04567	11	2	206-0019	神奈川県横浜市緑区新道町X-X-X	090-5425-0000
6	松本 ひとみ	まつもと ひとみ	01257	11	4	187-0031	東京都小平市小川東町X-X-X	080-6946-0000
7	大橋 淳子	おおはし じゅんこ	04568	13	3	270-0122	千葉県流山市大畔X-X-X	090-1251-0000
8	森山 しのぶ	もりやま しのぶ	02345	15	2	140-0015	東京都品川区西大井X-X-X	090-6666-0000
9	近藤 康子	こんどう やすこ	02358	16	4	150-0044	東京都渋谷区円山町X-X-X	090-6613-0000
10	神野 美恵	かんの みか	02379	12	2	243-0036	神奈川県厚木市長谷X-X-X	090-6141-0000
11	田原 優子	めぐろ ゆうこ	02456	11	3	204-0023	東京都清瀬市竹丘X-X-X	080-7651-0000
12	瀬島 志保	せじま しほ	02457	11	1	192-0913	東京都八王子市北野台X-X-X	090-6140-0000
13	大宮 優子	おおみや ゆうこ	02458	15	2	135-0002	東京都江東区住吉X-X-X	090-6752-0000
14	大谷 祐一	おおたに ゆういち	01789	14	1	146-0082	東京都大田区池上X-X-X	090-4241-0000
15	加藤 雅人	かとう まさと	01784	16	4	179-0073	東京都練馬区田柄X-X-X	090-4171-0000
16	小田 純一	おだ じゅんいち	01345	15	3	177-0032	東京都練馬区谷原X-X-X	090-5412-0000
17	田原 浩太	たはら こうた	01567	14	2	277-0005	千葉県柏市柏中村下X-X-X	090-7654-0000
18	大林 大輔	おおばやし だいすけ	01578	16	2	152-0013	東京都目黒区南X-X-X	090-9987-0000
19	川崎 秀和	かわさき ひでかず	01579	11	1	358-0006	埼玉県入間市春日町X-X-X	090-1642-0000
20	上田 俊之	うえだ としゆき	01580	13	1	160-0023	東京都新宿区西新宿X-X-X	090-5486-0000
21	宮本 健寿	みやもと たけひさ	03125	14	1	150-0011	東京都渋谷区東X-X-X	090-8431-0000
22	赤城 貴久	あかぎ たかひさ	03129	14	2	135-0024	東京都江東区清澄X-X-X	090-3451-0000
23	荒井 武	あらい たけし	03345	15	4	124-0023	東京都葛飾区東新小岩	090-4987-0000
24	神部 恵美	かんべ めぐみ	03349	16	4	204-0023	東京都清瀬市竹丘X-X-X	090-6451-0000
25	香川 杏子	かがわ きょうこ	03350	13	3	166-0004	東京都杉並区阿佐谷南X-X-X	090-5491-0000
26	坂井 静香	さかい しずか	03351	11	1	146-0082	東京都大田区池上X-X-X	090-6821-0000
27	福田 雅之	ふくだ まさゆき	03678	12	2	360-0014	埼玉県熊谷市箱田X-X-X	090-9246-0000
28	山田 千佳	やまだ ちか	03679	12	1	166-0015	東京都杉並区成田東X-X-X	090-7551-0000
29	福島 つばめ	ふくしま つばめ	03680	13	3	359-1142	埼玉県所沢市上新井X-X-X	090-6751-0000
30	鈴木 一郎	すずき いちろう	03681	15	1	167-0022	東京都杉並区下井草X-X-X	090-4763-0000
31	岡島 啓子	おかじま けいこ	03682	14	4	196-0015	東京都昭島市昭和町X-X-X	090-6541-0000
32	目白 雅美	めじろ まさみ	03683	11	4	120-0002	東京都足立区中川X-X-X	080-7538-0000
33	牧野 久志	まきの ひさし	03684	11	1	157-0073	東京都世田谷区砧X-X-X	090-6143-0000
34	蜂矢 隆文	はちや たかふみ	03685	12	3	173-0004	東京都板橋区幸町X-X-X	090-6146-0000
35	津野田 幸	つのだ ゆき	03352	13	4	190-0004	東京都立川市柏町X-X-X	090-7691-0000

所属テーブル

所属ID	所属名	所属電話番号
11	総務部	03-0000-1534
12	企画部	03-0000-1567
13	経理部	03-0000-1598
14	家電販売部	03-0000-1610
15	IT機器販売部	04-0000-1567
16	外販部	04-0000-1598

研修講座テーブル

研修ID	講座名
1	情報処理初級コース
2	事務管理コース
3	中堅職員コース
4	管理職コース

2. 演習問題 1 で作成したデータベースにおいて, 次の処理を行いなさい.

　(1) 「所属 ID」の昇順に並べ替えなさい. 所属 ID が同じときは,「ふりがな」の五十音順の昇順に並べ替えなさい.

　(2) 「所属 ID」が「12」の社員を抽出しなさい.

　(3) 「自宅住所」が「杉並区」の社員を抽出しなさい.

3. 演習問題 1 で作成した, 3 つのテーブルを印刷しなさい.

4. 演習問題 1 で作成したデータベースにおいて, 次のような「受講者－研修講座」クエリを作成しなさい.

受講者ID	氏名	講座名	所属名	所属電話番号
1	山本 元	事務管理コース	総務部	03-0000-1534
2	橋本 豊	情報処理初級コース	企画部	03-0000-1567
3	遠藤 純也	事務管理コース	経理部	03-0000-1598

5. 演習問題4で作成した「受講者一研修講座」クエリにおいて，次の処理を行いなさい.

    （1）「中堅職員コース」の受講者を抽出する.

    （2）「総務部」の受講者を抽出する.

6. 演習問題4で作成した「受講者一研修講座」クエリにおいて次のような単票形式および表形式のフォームを作成しなさい.

7. 演習問題4で作成した「受講者一研修講座」クエリにおいて，次のようなレポートを作成しなさい.

8. 例題7−1の住所録をもとに，次のような単票形式のレポートを作成しなさい.

9. 例題5−10の都道府県別面積・人口・人口密度・平均年収・県花・県木・県鳥一覧表を，Accessのテーブルに変換しなさい.

CHAPTER 8

インターネットの利用

ウェブページを検索していろいろな情報を得たり，電子メールを使って情報をやりとりするのが一般的になってきた．この章では，インターネットの概要とウェブページの見方と作り方，電子メールの使い方について学ぶ．

8・1　インターネットの概要

1 コンピュータネットワーク

　コンピュータは，単独でもさまざまな処理ができる，非常に有用な装置である．しかし，多数のコンピュータをネットワークにつなぐことにより，一層コンピュータ利用の世界が広がることになる．これがコンピュータネットワークである．コンピュータネットワークの規模により，個人のもつコンピュータ機器を接続した**パーソナルエリアネットワーク**（Personal Area Network，略して**PAN**），教室，オフィス，工場などの狭い範囲のコンピュータを接続した**ローカルエリアネットワーク**（Local Area Network，略して**LAN**），大学のキャンパス，工場などの LAN を相互に接続した**キャンパスエリアネットワーク**（Campus Area Network，略して**CAN**），通信業者が提供するインフラを使用して広い範囲をカバーする**ワイドエリアネットワーク**（Wide Area Network，略して**WAN**）などがある．

2 インターネット

●**インターネットとは**　　インターネットは，inter + net という英語の合成語で，多数のコンピュータ通信のネットワークを接続したネットワークのことである．WAN の典型的な形である．世界各国では，多数のネットワークが構築され，それぞれのネットワーク内でパソコン通信の業務が行われている．インターネットは，世界各国のネットワークを接続し，各ネットワークの範囲を越えて，他国のネットワークに接続されたパソコンとの情報の交換や，他のネットワークが所有するデータベースの利用などができるようにしたものである．すなわち，国際的なパソコン通信のネットワークである．

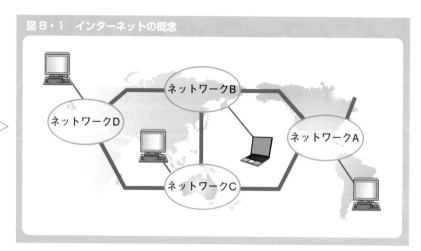

図8・1　インターネットの概念

ブログとは，プロバイダ，親睦目的のネットワークを提供するグループおよび個人などが主催する，日記形式のウェブページのこと.

ツイッターとは，個々のユーザが「ツイート」という短い文を投稿し，閲覧できるコミュニケーションサービスのこと.

SNSは，ウェブ上で人と人との社会的なつながりを維持・促進する様々な機能を提供するサービスで会員制である.

音楽などには著作権があるので，注意が必要である.

CATV：ケーブルテレビ.
アクセスポイント：インターネットの接続点.

プロバイダとは，インターネットの接続業者のこと.

●インターネットでできること　　インターネットでは，次のことができる.

❶ ウェブページの作成と閲覧：インターネット上での情報を発信するための場をウェブページという．ウェブページ上に情報を発信し，ウェブページ上の情報を閲覧することができる.

❷ 不特定多数の人とのコミュニケーション：ブログ（Blog），ツイッター（Twitter），SNS（Social Networking Service）などを使って，不特定多数の利用者とのコミュニケーションができる.

❸ 電子メール：電子メールは，インターネットにおける情報の伝達手段で，手紙のようにメッセージをやり取りすることができる.

❹ オンラインショッピング：ウェブページ上に商品を陳列し，注文を受ける．支払いは，クレジットカードなどにより行う．また，市場で入手困難な商品のオークションにも参加できる.

❺ 金融サービスの利用：インターネット上で金融機関で行う振り込み，振り替え，残高照会などのオンラインバンキングや，株の売買など証券取引ができる.

❻ アプリケーションやファイルのダウンロード：インターネットから，アプリケーションソフトやファイルを自分のパソコンに取り込むことができる．これをダウンロードという．また，フリーソフトと呼ばれる無料のソフトもある．公開された音楽，写真，動画などをダウンロードすることもできる.

3 インターネットの接続方法

　パソコンは，光通信回線，CATV回線を通して通信業者などが用意したアクセスポイントに接続される．アクセスポイントからプロバイダを介してインターネットに接続される.
　インターネットを利用するには，通信業者およびプロバイダと契約を結

び，ユーザ名，パスワード，電子メールのアドレスを取得する．その後，パソコン上でインターネット接続設定を行う．図8・2に，インターネットの接続の例を示す．

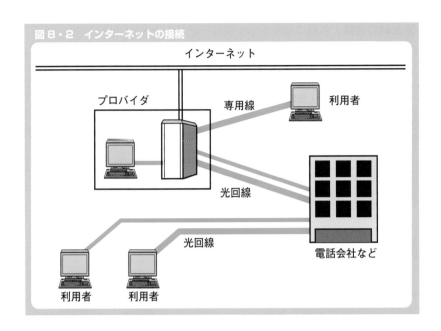

図8・2　インターネットの接続

インターネット

プロバイダ　　　　　専用線　　　　利用者

光回線

光回線

電話会社など

利用者　　利用者

8・2　ウェブページの閲覧

1　ウェブページ

インターネットにアクセスしたときに，最初に表示されるページをホームページという．通常，ウェブページには，ハイパーリンクと呼ばれる機能により多数のページがリンクされており，これをたどって行くことによりいろいろなページの画面を表示させ，さまざまな情報を得ることができる．このような多数のページ全体を**ウェブページ**という．

ウェブページは，**HTML**（Hyper Text Markup Language）という言語で記述され，**WWW**（World Wide Web）**サーバ**と呼ばれるコンピュータに格納される．

ウェブページは，文字・画像・動画・音声などの情報から構成されるが，これをウェブページとしてパソコン上に表示するには，**ブラウザ**と呼ばれるソフトウェアが必要となる．本書では「Microsoft Edge」を使用する．

ウェブページには，それぞれ名前が付けられており，これを**URL**（Uniform Resource Locator）という．URL は，次のように表記される．

> プロトコル名 : **//** サーバ名 . 組織の名称 . 組織の種類 . 国名 **/**

Advice

WWW は世界中に張りめぐらされた蜘蛛の巣（web）という意味である．

Advice

「Microsoft Edge」は Windows に標準装備されている．

① **プロトコル名**：通信を行うときの規約のことで，通常「https」である．
② **サーバ名**：ウェブページを公開するシステム．「www」サーバが用いられる．
③ **組織の名称**：ウェブページを提供する組織の名称である．
④ **組織の種類**：組織の種類を示す記号．記号を表 8・1 に示す．
⑤ **国名**：組織のある国名を示す記号．記号の例を表 8・2 に示す．
「組織の名称．組織の種類．国名」をあわせて**ドメイン名**という．

Advice

https は「Hyper Text Transfer Protocol Secure」の略で http のセキュリティを向上したものである．

Advice

サーバ名，国名を省略して，nifty.com のように URL を決める場合や，abcde.jp のようにサーバ名や組織の種類を省略して決める場合もある．com（商業組織）は世界のドメイン名を管理する ICANN（Internet Corporation for Assigned Names and Numbers）が管理を委託する民間組織に登録されたものを表す．

表 8・1 組織の記号

ac	大学等教育機関
co	企業等営利組織
go	政府機関
ne	ネットワークサービス組織等
or	その他の機関

表 8・2 国名の記号

jp	日本
ca	カナダ
de	ドイツ
fr	フランス
uk	イギリス

2 ウェブページ閲覧の方法

　ウェブページを閲覧するには，URL を入力する方法と検索エンジンを使う方法がある．検索エンジンは，必要な URL がわからない場合に，ウェブページの検索手段を提供するサービスである．検索エンジンには，Yahoo!JAPAN，Google などがある．検索エンジンではキーワードを入力して検索する．

Advice

検索エンジンは，検索サービスともいう．

● **URL を入力する方法**　　ブラウザソフトを起動し，ウェブページのアドレス URL を入力する．

● **キーワード検索**　　情報を検索するとき，その情報と関連のある言葉をキーワードという．キーワードを入力すると，このキーワードが含まれるウェブページが検索できる．検索エンジン「Google」を開き，「今日の天気」と入力し，今日の天気予報を調べるのはこの例である．

3 URL による検索

例題 8-1　　URL による検索

　環境省のウェブページ（URL は https://www.env.go.jp/）を開きなさい．

● **URL による検索**

手順

❶ インターネットのブラウザ［Microsoft Edge］のアイコン ⬤ をクリックして起動する．

❷ アドレス記入欄に URL を入力し，Enter キーを押す．

Advice

❷ において，「www.env.go.jp」または「env.go.jp」と入力してもよい．

❸ 環境省のウェブページが表示される．

❹ 見たい項目をポイントすると，マウスポインタがとなるので，クリックすると，その項目のページが表示される．

❺ さらに，見たい項目をクリックすると，次々とウェブページが表示される．

練習 次の URL のウェブページにアクセスし，何のウェブページか調べてみよう．

(1) www.kantei.go.jp

(2) www.yahoo.co.jp

(3) www.msn.co.jp

4 キーワード検索

キーワード検索では，複数のキーワードを使って検索できる．1つのキーワードのみを使って，ウェブページの検索を行うと，膨大なウェブページが検索されてしまうことがある．このとき複数のキーワードを使って検索条件を指定し，情報を絞り込むとよい．

例題 8-2 キーワード検索

鎌倉のレストランを探しなさい．

手　順

❶ 検索欄に「鎌倉 レストラン」と入力し，Enter キーを押す．

❷ 「鎌倉 レストラン」についての検索結果が表示されたら，必要に応じて表示された項目をクリックする．

Advice

キーワードをスペースで区切って入力する．

⑤ ウェブページの保存・印刷・コピー

ウェブページの情報は，印刷したり，Word などにコピーすることができる．

例題 8-3　　ウェブページの印刷

地図のウェブページを開き印刷しなさい．

●ウェブページの印刷

手　順

❶「www.yahoo.co.jp」のウェブページを開く．

❷［地図］→［住所］→［北海道］をクリックする．

❸ 地図の大きさを調整する．

❸マウスのスクロール
ボタンでも調整できる．

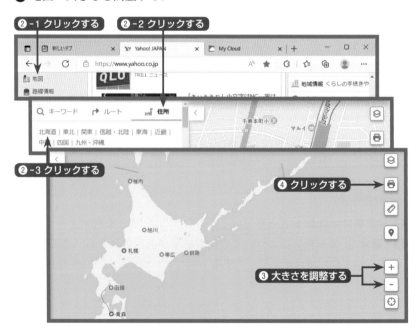

❹ ［印刷］ボタン  をクリックする.

● Word の文書として保存　　ウェブページのテキスト部分をコピーして Word の文書として取り込むことができる.

例題 8-4　ウェブページを文書として保存

SD メモリーカードのウェブページを開き，その一部をコピーして Word の文書として保存しなさい.

手　順

❶ キーワードとして「SD メモリーカード」を入力し，［**検索**］をクリックする.
❷ ［SD メモリーカード - Wikipedia］を選択する.
❸ 保存する部分をドラッグして範囲指定する.

| ❸ ドラッグして範囲指定する |

![SDメモリーカードのWikipediaページのスクリーンショット]

| ❹-1 この上で右クリックする | ❹-2 クリックする |

❹ 右クリックし，［**コピー**］をクリックする.
❺ Word を起動し，貼り付ける.

6 ウェブページのダウンロード

検索したウェブページから Excel のワークシートなどのデータをダウンロードすると，Excel で処理できる.

例題 8-5　ウェブページのデータのダウンロード

文部科学省のウェブページ（www.mext.go.jp）を開き，［大学，短期大学，高等専門学校及び専修学校卒業予定者の就職内定状況等調査］のワークシートをダウンロードしなさい.

Advice　「横」向きで印刷する.

Advice　ウェブページ上の文書にも著作権があることに注意する.

Advice　画像，写真も同様にしてコピーできる.

❶ 文部科学省のウェブページにアクセスする.

❷ ［白書・統計・出版物］→［統計情報］→［大学，短期大学，高等専門学校及び専修学校卒業予定者の就職内定状況等調査］→［統計表一覧］を選択する.

Advice

❸では最新のデータを選択してもよい.

❸ ［令和4年2月1日現在］を選択する.

❹ ［公表資料］の［Excel］をクリックする.

❺ ［ファイルを開く］をクリックする.

Advice

保存の方法は，Excelで学んだ方法と同じである.

❻ Excelが起動し，統計表が表示される.

❼ ［編集を有効にする(E)］をクリックし，保存する.

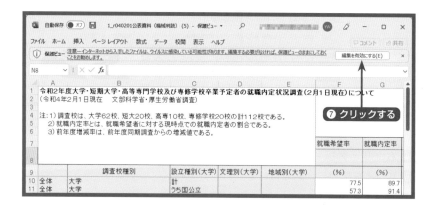

8・3　電子メールの送受信

■1 電子メールの仕組み

Advice

電子メールは，単にメールと略称されることが多い.

図8・3に示すように，プロバイダは，送信用と受信用の2種類のコンピュータを使い電子メール（以下メールと略す）のやりとりをしている. AさんからBさんにメールを送るときの処理は次のようになる.

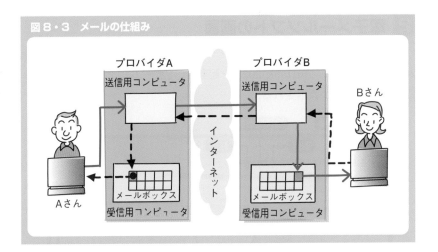

図 8・3　メールの仕組み

プロバイダA

送信用コンピュータ

プロバイダB

送信用コンピュータ

Bさん

インターネット

メールボックス

Aさん

受信用コンピュータ

メールボックス

受信用コンピュータ

送信側での処理

❶ A さんのパソコンから送信されたメールは，光回線などを通してプロ
バイダ A の送信用コンピュータに送られる．

❷ 送信用コンピュータでは，送信先のプロバイダ B と B さんの個人情報
を照合・確認した後，送信先のプロバイダ B の送信用コンピュータに
送る．

受信側での処理

❶ 受信側の送信用コンピュータは，受信したメールを受信用コンピュー
タに送る．

❷ 受信用コンピュータでメールを保存する．

❸ 受信側のユーザ B さんは，受信用コンピュータにアクセスし，受信し
たメールをチェックしてパソコンに取り込む．

　したがって，B さんは，パソコンを起動し，インターネットにアクセス
しないと電子メールを受信することができない．

● **メールアドレス**　　メールを送る場合，郵便で手紙を送るときと同じよ
うに，宛先が必要である．これがメールアドレスである．メールアドレス
は，URL とほぼ同じで，次の形式で決められる．

> ユーザ名@組織の名称 . 組織の種類 . 国名

Advice

組織の種類，国名を省
略して wkym@abc.
com とすることもあ
る．

［例］　wkym @ abc.ne.jp

❶ **ユーザ名**：ユーザの個人名．

❷ **@（アットマーク）**：ドメイン名との区切りを示す．

❸ **組織名**：プロバイダ名，または加入している組織名．

❹ **組織の種類**：組織の種類を示す記号．

❺ **国名**：ユーザの国名を示す記号．

　❸，❹，❺を総称してドメイン名という．

2 電子メールソフトの画面

メールソフトにもいろいろあるが,ここでは Windows 11 の Outlook 2021 を使用する.Outlook 2021 を起動し,[**ホーム**]タブをクリックすると,次の画面が表示される.

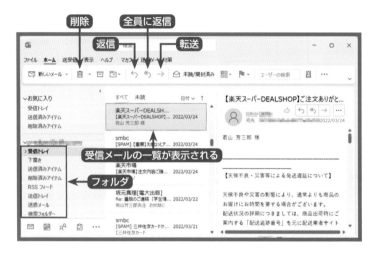

●**主なフォルダ**　主なフォルダに記録されるファイルは次のようになる.

❶ **受信トレイ**:受信したメールが入る.これをクリックすると,受信したメールの一覧が表示される.

❷ **下書き**:メールを作成し,送信しないで Outlook 2021 を終了するとき,メールを下書きに保存しておくことができる.

❸ **送信トレイ**:メールを作成するとここに入る.これをクリックすると,これから送信するメールの一覧が表示される.

❹ **送信済みアイテム**:送信が終わると,送信トレイからここに移る.

❺ **削除済みアイテム**:メールを受信トレイから削除すると,いったんここに入る.ここから削除すると完全に削除される.

❻ **迷惑メール**:受信したくないメールを受信したとき,このフォルダに入るようにできる.

●**ツールバー**　受信トレイの画面で次のツールバーが表示される.

❶ **新しいメール**:新しいメールの作成画面を表示する.

❷ **返信**:受信したメールに対して返信する機能.クリックするとメールの作成画面が表示されるとともに,宛先にメールを送ってくれた人のメールアドレスが自動的に入力される.

❸ **全員に返信**:同じ内容のメッセージを多数の人に同時に送る.

❹ **転送**:送られてきたメールをそのまま,あるいはメッセージを書き加えて,別の人に送る.

❺ **削除**:不要になったメールを削除する.削除されたメールは[**削除済みアイテム**]に移動する.

③ 電子メールの送信

例題 8-6　自分宛のメールの送信

> 自分宛にメールを送りなさい.

　当然のことながら，メールは他人に送るものであるが，練習のためには
自分宛のほうが都合がよい．もちろん自分宛でも他人宛でも宛先のメール
アドレスが異なるだけで，送信の方法は同じである.

手　順

❶ Outlook 2021 を起動する.
❷［ホーム］タブの［新しいメール］をクリックする.

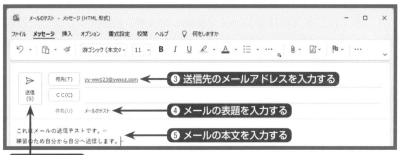

❸［宛先］に送信先のメールアドレスを入力する.
❹［件名］にメールの表題を入力する.
❺ メール本文を入力する.
❻［送信］をクリックする.

④ 電子メールの受信

例題 8-7　メールの受信

> 例題 8 − 6 で送信したメールが届いているかどうか，受信して確
> 認しなさい.

手　順

❶ Outlook 2021 を起動する.
❷ 未読の受信メールがあると，［受信トレイ］に未読のメールの件数が表
　示されるとともに［メッセージ一覧］に受信メールが表示される.

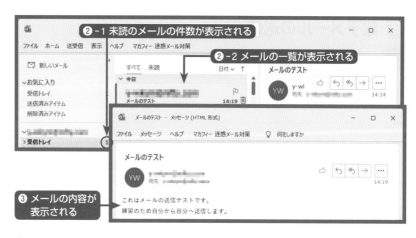

❸ メールの内容が
表示される

Advice

[ファイル]→[印刷]を
クリックすると，メー
ルを印刷できる.

❸ 受信メールをクリックすると，メールの内容が表示される.

5 ファイルと写真の添付

メールでは，本文のほか Word で作成した文書，Excel で作成した計算
表やグラフおよびスマホなどで撮影した写真などのファイルを添付して送
ることができる.

 例題 8-8　　添付ファイルの送受信

USB メモリに保存した写真「サントリーニ島の教会」をメールに
添付し，自分宛に送信しなさい. また，このメールを受信し，添付
した写真を開いて確認しなさい.

●添付ファイルの送信

手　順

❶ [新しいメール] をクリックし，宛先，件名，本文を入力する.

❷ [挿入] → [ファイルの添付] をクリックする.

Advice

❷では [メッセージ]
タブの「ファイルの添
付」をクリックしても
よい.

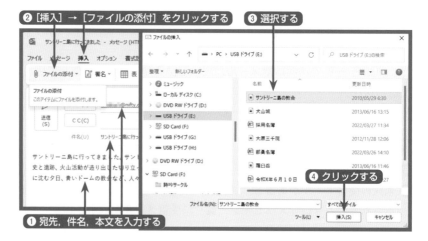

❸ ［USB ドライブ (E:)］を開き，「サントリーニ島の教会」を選択する．

❹ ［挿入 (S)］をクリックする．

❺ 写真のファイル名が書き込まれる．

写真以外の Word で作
成した文書，Excel で
作成した計算表などの
ファイルも同様にして
送信できる．

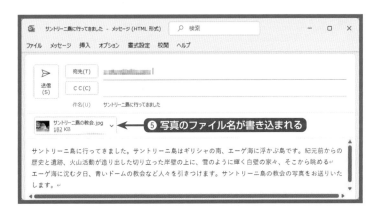

❻ ［送信］をクリックする．

●添付ファイルの受信と確認

❶ メールを受信すると，本文と添付された写真のファイル名が表示され
る．

❶で［印刷］をクリッ
クすると，写真が印刷
できる．

❷ ファイル名をクリックすると，写真が表示される．

●添付ファイルの保存　　添付ファイルを USB ディスクに保存する．

❶ ［添付ファイル］→［名前を付けて保存］をクリックする．

❷ 保存先を［USB ドライブ (E:)］として保存をする．

❶ [添付ファイル] → [名前を付けて保存] をクリックする

8・4 ウェブページ作成の基礎

　　ウェブページを作成する方法には，ウェブページの作成と管理を行うアプリケーションソフトウェアを使う方法と，HTML言語を使って記述する方法がある．前者の方法は，作成方法は比較的容易であるが，ウェブページの構成がわかりにくい．後者の方法は，やや複雑であるが，ウェブページの構成がよくわかるので，ここでは，HTML言語による方法を学ぶ．

1 HTML 言語とは

Advice

HTML は，Hyper Text Markup Language の略.

　　HTML言語は，ウェブページを作成するための言語である．私たちがブラウザを通して見るウェブページは，HTMLで記述されている．HTMLで作成された文書をHTML文書あるいは**HTMLソースコード**などという．次にHTML文書の例を示す．

```
<html lang="ja">
    <title> 入学式 </title>
<body>
    <p> 今日は入学式 </p>
</body>
</html>
```

2 ウェブページ作成の手順

　　HTMLによるウェブページの作成は，次の手順で行われる．
　●**HTML文書の作成**　　テキストエディタと呼ばれる文書作成ソフトを起動し，HTMLの文法に従ってHTML文書を作成する．テキストエディタには，第4章で学んだWordやWindowsのアクセサリにあるメモ帳などがある．HTML文書の作成には，文字入力の機能があれば十分なので，編集機能は劣るが操作が簡単なメモ帳を使う．
　●**ブラウザ上で確認**　　HTML文書ができたらウェブページとしての表

示を確認する．これにはパソコン上でウェブページを表示するソフトウェア，ブラウザを使用する．本書では Microsoft Edge を使用する．

●**インターネットに公開**　　ウェブページが完成したら，これをインターネット上に公開する．これは次の手順により行う．

手順

❶ 契約しているプロバイダのサーバに，ウェブページを公開するための申込みをする．これは通常，インターネット上でできる．

❷ サーバに転送する．サーバへの転送には **FTP** を使う．FTP は，コンピュータ間でファイルを転送するときの規約で，この規約に従ってファイルを転送する FTP ソフトが用意されている．このソフトをインターネットからダウンロードすることもできるが，一般に Microsoft Edge などのブラウザに FTP 機能が付いているのでそれを使う．

これでウェブページはインターネット上に公開されたことになる．

③ HTML 文書の構成

HTML 文書は，HTML ファイルから構成される．

HTML ファイルは，テキストにタグと呼ばれる印をつけて，それぞれのテキストが何であるかを示すものである．すなわち，HTML 文書の構成を示すファイルである．

HTML でタグを付けられたテキストの表示方法を指定するファイルを CSS ファイルという．これは背景色，文字色，文字サイズなどを指定するものである．HTML ファイルの中でテキストの表示方法を指定することもできるが，CSS ファイルを使ったほうが効率的である．

④ HTML 文書の構造

次に，「ゴルフ部からのお知らせ」のウェブページを表示する HTML 文書を示す．HTML 文書は，このように多数のタグから構成されている．

Advice

ウェブページをインターネット上に公開するときには，第三者が作成した文書，写真などの著作物や他人の個人情報を無断で掲載するなど，著作権やプライバシーを侵害することのないように，また，公序良俗に反するような情報を掲載することのないように注意する必要がある．

Advice

FTP は，File Transfer Protocol の略．

Advice

本書では，HTML5 と CSS3 を使用する．

`<html lang="ja">`	HTML 文書の記述の開始と日本語 (ja) の使用を指定
`<title>` ゴルフ部からのお知らせ `</title>`	タイトルの記述．画面に表示されない
`<body>`	画面に表示される文の記述開始
`<h1>` ようこそゴルフ部へ `</h1>`	表題を記述
`<p>` ゴルフ部では、部員の募集をしています。`</p>`	文を記述
`<p>` 新入生のみなさん　お待ちしています。`</p>`	
`</body>`	画面に表示される文の記述終了
`</html>`	HTML 文書の記述終了

文の書き出しを4桁ずつ下げて記述しているが，これを字下げといい，文書を見やすくするために行う．

HTML文書は，「<」と「>」で囲まれた記号で記述されている．これを**タグ**という．タグには，2種類あり，「<」と「>」で囲まれたものを**開始タグ**，「</」と「>」で囲まれたものを**終了タグ**という．ほとんどのタグは開始タグと終了タグを一組として構成される．また，開始タグと終了タグで囲まれた範囲を**要素**という．

5 各種の要素

HTML文書は，いろいろなタグから構成されている．次に主な要素を示す．

● **HTML要素**　　<html> ～ </html> で囲まれた範囲がHTML文書となる．

● **タイトル要素**　　<title> ～ </title> で囲まれた部分がタイトル要素である．HTML文書のタイトルを定義するもので，タイトル要素内に記述する．ウェブページには表示されないがタイトルバーに表示される．

● **BODY要素**　　<body> ～ </body> で囲まれた部分が**body**要素である．HTML文書の**body**（本体）となる部分で，ここに記述されたいろいろな要素が，実際のウェブページとして表示される．

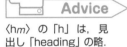

〈h*m*〉の「h」は，見出し「heading」の略．

● **見出し要素**　　<h*m*> ～ </h*m*> で囲まれた部分が見出し要素である．これはウェブページに表示したときの見出し文字とそのランクを定義するものである．*m*は1（最大）から6（最小）までの値となる．

〈p〉の「p」は，段落「paragraph」の略．

● **段落要素**　　<p> ～ </p> で囲まれた部分が段落要素である．これは文に段落を設定するものである．

6 HTML文書の入力とウェブページの確認

簡単なウェブページを作成し，ブラウザ上で確認してみよう．

 例題 8-9　　**部員募集のウェブページの作成**

次のウェブページを作成し，ブラウザ上で確認しなさい．

> # ようこそゴルフ部へ
>
> ゴルフ部では、部員の募集をしています。
>
> 新入生のみなさん　お待ちしています。

［メモ帳］は頻繁に使うので，❶で［メモ帳］の上で右クリックし［スタートにピン留めする］をクリックすると，容易に起動できる．

● **HTML文書の入力と保存**　　メモ帳を使ってHTML文書を入力し，USBメモリに保存する．

インターネットの利用

CHAPTER 8

❶ [スタートボタン] → [すべてのアプリ] → [メモ帳] の順に選択して
メモ帳を起動する.

❷ 次のようにメモ帳に入力する.

Advice

要素は大文字でも小文
字でもよいが, 本書で
は小文字を使用する.

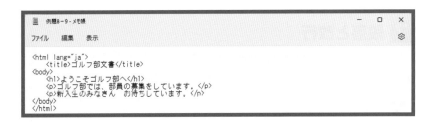

❸ 保存する場所に「USB ドライブ(E:)」を指定する.

❹ ファイル名「例題 8-9.html」を入力する.

❺ [保存(S)] ボタンをクリックする.

Advice

❹において, ファイル
名に拡張子「html」ま
たは「htm」を付ける
ことに注意する. 拡張
子はファイルの種類を
表すもので,「html」
は HTML 文書を示す.

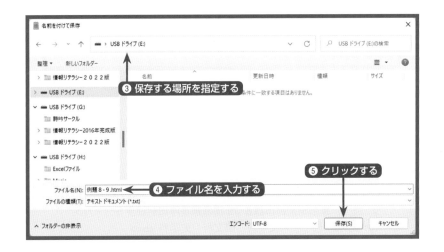

●ブラウザ上での確認　メモ帳で記述した HTML 文書を, ブラウザソ
フト Microsoft Edge を使って, ウェブページとして表示させ, HTML 文
書が正しいことを確認する.

❶ [スタートボタン] → [エクスプローラー] を開き, [USB ドライブ (E:)]
をクリックする.

❷ ファイルやフォルダの一覧が表示されたら,「例題 8-9」をダブルクリッ
クする.

❸ 次のようなウェブページが表示される.

Advice

❶〜❷は,「例題 8-9」
を開く操作である.

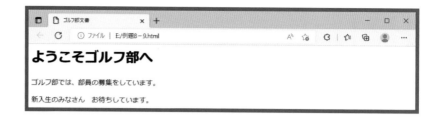

7 段落と改行

　文章を書くとき，段落付けや改行をすることにより読みやすい文章を作成できる．ウェブページのときも同様にして，**段落付けと改行**を使う．

 例題 8-10　段落と改行の使い方

　次のウェブページを作成し，ブラウザ上で確認しなさい．

> ### 横浜文化大学
>
> 所在地　神奈川県横浜市緑区長津田×－×－×
> 交　通　東急田園都市線＆JR横浜線長津田町駅徒歩5分
>
> 文 学 部　英米文学科　国文科　史学科
> 法 学 部　法律学科　政治経済学科　国際関係学科
> 経済学部　経済学科

● HTML ファイルの記述

```
<html lang="ja">
<body>
    <h1> 横浜文化大学 </h1>
    <p> 所在地　神奈川県横浜市緑区長津田×－×－× <br>
    交　通　東急田園都市線 & JR 横浜線長津田駅徒歩5分 </p>
    <p> 文 学 部　英米文学科　国文科　史学科 <br>
    法 学 部　法律学科　政治経済学科　国際関係学科 <br>
    経済学部　経済学科 </p>
</body>
</html>
```

●改行　文の改行を行うには，**`<br>`** タグを使用する．**`<br>`** タグには内容がないので，終了タグはない．**`<br>`** タグ1つで1行改行される．**`<br><br>`** と **`<br>`** タグを2つ続けて記述すると2行改行される．

```
<br>
```

 **Advice**

「br」は，改行(line break)の略.

●特殊文字　タグに用いられる半角文字の「**<**」「**>**」は HTML 言語では，特殊な意味を持つ文字なので，テキスト中では使えない．このときには別の文字に置き換える．表8・3に特殊文字と置き換え文字を示す．

表8・3　特殊文字と置き換え文字

特殊文字	<	>	&	"
置き換え文字	&lt;	&gt;	&amp;	&quot;

「改行するには `&lt;br&gt;` を使用する」と記述すると，

「改行するには `<br>` を使用する」と表示される．

8・5　CSS を使ったウェブページ

　HTML だけでもウェブページは作成できるが，ウェブページのレイアウトを整えるための CSS を使うと，より一層効率的にウェブページを作成できる．

Advice

CSS は，Cascading Style Sheets の略．

1　CSS でできること

　CSS では，次のことができる．

❶ 文字や枠線の色の指定ができる．CSS により，ほぼすべての要素に自由に色の設定ができる．段落や見出しにも枠線を付けて，線，背景および文字に別の色を付けることができる．

❷ 文字の大きさ，フォントなどの設定ができる．

❸ 各要素の配置が自由にできる．

❹ デザインの変更が効率的にできる．

2　文字の大きさと文字色

　CSS ファイルを使ってウェブページの見出し文字の大きさ，文の文字の大きさや色を設定する．このときは，HTML ファイルと文字の大きさや色を設定する CSS ファイルの 2 つのファイルを作成する．

 例題 8-11　文字の大きさと文字色の指定

　次のウェブページを作成し，ブラウザ上で確認しなさい．

横浜文化大学

所在地　神奈川県横浜市緑区長津田x-x-x
交　通　東急田園都市線＆JR横浜線長津田駅徒歩 5 分

文 学 部　英米文学科　国文科　史学科
法 学 部　法律学科　政治経済学科　国際関係学科
経済学部　経済学科

● HTML ファイルの記述

```
<html lang="ja">
   <link   rel="stylesheet"
           type="text/css"
           href="reidai8-11css.css">
   <body>
      <h1>横浜文化大学 </h1>
      <p>所在地　神奈川県横浜市緑区長津田×－×－× <br>
      交　通　　東急田園都市線 & JR 横浜線長津田駅徒歩 5 分 </p>
      <p>文 学 部　英米文学科　国文科　史学科 <br>
      法 学 部　法律学科　政治経済学科　国際関係学科 <br>
      経済学部　経済学科 </p>
   </body>
</html>
```

　　HTML ファイルでは，文字の大きさや色などを設定する CSS ファイル
とのリンクを記述するだけで，そのほかの記述は変わらない．

```
<link   rel="stylesheet"       スタイルシートを使うことを宣言する
        type="text/css"        スタイルシートの種類を示す
        href="reidai8-11css.css"> スタイル設定ファイルを読み込む
```

　　これで CSS ファイルと HTML ファイルがリンクされ，CSS ファイル
で設定されたスタイルが適用される．

● CSS ファイルの記述　　　CSS ファイルでは，色と大きさを指定する．

```
h1{color:red}           <h1>と</h1> の間の文字を赤色にする
p {color:blue}          <p>と</p> の間の文字を青色にする
p {font-size:12pt}      <p>と</p> の間の文字のサイズを 12 ポイントにする
```

　　CSS ファイルでは，**h1** 要素，**body** 要素，**p** 要素などに文字の色，サ
イズなどのスタイルを設定する．

　　要素 {スタイル 1; スタイル 2；‥‥}

　　CSS ファイルでは，各要素のスタイルを次のように指定する．
[例] **p {color:blue; font-size:14pt}**　　<p>と</p> で囲まれた段落
　　　の文字の色を青色に，文字サイズを 14 ポイントにする

●**文字の大きさ**　　文章の中で重要な文や語句を目立たせるときに，文字
を大きくする．これには CSS ファイルの中で **size** 属性を指定する．

Advice

CSS ファイルは，
HTML ファイルと同じ
フォルダに，拡張子
「css」をつけて「reidai
8-11css.css」とし
て保存する．

Advice

同じ要素のスタイル
は；（セミコロン）で
区切ってまとめて指定
できる．

```
p {font-size: 属性値 }
```

文字の大きさを指定する属性値には，9 種類ある．次に主なものを示す．

表 8・4　文字の大きさ

単位	意味	単位	意味
px	ピクセル数	pt	ポイント

[例]　**p {font-size:30px}**　　段落の文字サイズを 30 ピクセルにする

　　　p {font-size:16pt}　　段落の文字サイズを 16 ポイントにする

●**文字の色**　　文字の色を指定できる．これには **color** 属性を使用する．

```
p {color: 属性値 }
```

属性値には，表 8・5 に示すカラーコードを使用する．

表 8・5　カラーコード

色の名称	カラーコード	色の名称	カラーコード
black	#000000	aqua	#00ffff
gray	#808080	blue	#0000ff
silver	#c0c0c0	lightbrue	#add8e6
white	#ffffff	maroon	#800000
fuchsia	#ff00ff	olive	#808000
red	#ff0000	green	#008000
magenta	#ff00ff	yellowgreen	#9acd32
orange	#ffa500	purple	#800080
yellow	#ffff00	teal	#008080
lime	#00ff00	navy	#000080

カラーコードの代わりに，red や blue などの色名を使うこともできる．

[例]　**p {color:#800080}**　　段落の色を紫色にする

　　　p {color:red}　　　　段落の色を赤にする

また，次のように CSS ファイルの記述を HTML ファイルの中に直接記述することもできる．

Advice

「red」のカラーコードの16進数「#ff0000」を使わず，10 進数で「rgb(255,0,0)」と記述することもできる．

Advice

本書のサンプルと画面上の色味は異なる場合がある．

Advice

色名を使ったほうがわかりやすいので，本書では色名を使う．

```
<html lang="ja">
<style>
  h1 {color:red}
  p  {color:blue}
  p  {font-size:12pt}
</style>
<body>
  <h1>横浜文化大学 </h1>
  <p>所在地　神奈川県横浜市緑区長津田×－×－× <br>
（以下省略）
```

3 文字の装飾と文字位置の指定

文字のフォントや文字飾りの指定，文字の位置の指定ができる.

 例題 8-12　文字の装飾と文字位置の指定

次のウェブページを作成し，ブラウザ上で確認しなさい.

> 文字を斜体にする
>
> **文字を太字にする**
>
> <u>文字にアンダーラインをつける</u>
>
> 文字を中央に揃える
>
> 文字を右寄せにする
>
> 次の文字にルビを付ける

● HTML ファイルの記述

Advice

斜体と太字は HTML ファイルで，アンダーライン，中央揃え，右寄せは CSS ファイルで記述した.

```
<html lang="ja">
  <link   rel="stylesheet"
          type="text/css"
          href="reidai8-12css.css">
  <body>
    <p><i>文字を斜体にする </i></p>
    <p><b>文字を太字にする </b></p>
    <p class="a">文字にアンダーラインをつける </p>
    <p class="b">文字を中央に揃える </p>
    <p class="c">文字を右寄せにする </p>
    <p>次の <ruby>文字<rt>もじ </rt></ruby>にルビを付ける </p>
  </body>
</html>
```

● CSS ファイルの記述

```
.a{text-decoration:underline}       クラス a の文字に下線を付ける
.b{text-align:center}               クラス b の文字を中央揃えにする
.c{text-align:right}                クラス c の文字を右寄せにする
```

●セレクタ　　文字のスタイルなどを設定する対象を**セレクタ**という．セレクタには，「要素」「クラス」などがある．

「要素」セレクタは，「**body**」「**h1**」などの **html** 要素にスタイルを設定するもので，同一の要素すべてにスタイルが設定される．CSS ファイルで

body{font-size:12pt}

と設定すると，**html** 要素の **body** の文字はすべて 12 ポイントになる．

「クラス」セレクタは，**html** 要素に特定のクラス属性を設定し，それに対してスタイルを設定するものである．

　　　HTML ファイルで　　**<p class="a">** 文字を斜体にする **</p>**

　　　CSS ファイルで　　**.a{font-style:italic;color:red}**

と設定すると，クラス **a** の文字だけが斜体で，赤色になる．

●**文字のスタイル**　　文字を斜体にするなど，文字のスタイルを指定する．

［例］　**<i>** 文字を斜体にする **</i>**

　　　文字列「文字を斜体にする」を斜体にする

文字装飾を指定する要素には次のものがある．

i	斜体にする	sup	上付き文字にする
b	太字にする	sub	下付き文字にする

●**文字に下線をつける**　　文字列に下線を付けるには，**text-decoration** プロパティを使用する．CSS ファイルで次のように指定する．

［例］　**{text-decoration:underline}**

text-decoration プロパティで指定できる値には次のものがある．

underline	下線を付ける	overline	上線を付ける
line-through	取消線を付ける	none	テキストの線を消す

●**文字の位置**　　ウェブページ上に表示される文字の位置を中央揃え・右寄せ・左寄せに指定できる．形式を次に示す．

［例］　**.b{text-align:center}**

```
<p class=" クラス名 "> 文字 </p>
. クラス名 {text-align: 属性値 }
```

属性値を表 8・6 に示す．

Advice

このほかセレクタには，「id」セレクタもあるが本書では割愛する．

表 8・6　文字位置の属性値

位置	中央揃え	右寄せ	左寄せ
属性値	center	right	left

●ルビを付ける　　読みにくい文字にふりがな（ルビ）付けることができる．これには **ruby** 要素を用いる．

```
<ruby>
  文字                    ルビを付ける文字
  <rt> もじ </rt>         ルビ
</ruby>
```

ふりがなをつける文字を **<ruby>** ～ **</ruby>** で囲み，終了タグ **</ruby>** の前にふりがなのテキストを記述する．ルビは文章中の一部の文字につけるので，直接 HTML ファイルに記述する．

4 水平線・背景色・影の設定

ウェブページを見やすくするために，項目や文章に区切りをつける．このときに水平線を使用する．また，背景の色を変えることもできる．

例題 8-13　水平線・背景色・影の設定

例題 8-11 のウェブページに次のような水平線と背景の色の設定し，タイトルに影をつけなさい．

● HTML ファイルの記述

```
<html lang="ja">
  <link   rel="stylesheet"
          type="text/css"
          href="reidai8-13css.css">
  <body>
      <h1> 横浜文化大学 </h1>
      <p> 所在地　神奈川県横浜市緑区長津田×−×−× <br>
      交　通　　東急田園都市線 & JR 横浜線長津田駅徒歩５分 </p>
      <hr>
      <p> 文　学　部　英米文学科　国文科　中学科 <br>
      法　学　部　法律学科　政治経済学科　国際関係学科 <br>
      経済学部　経済学科 </p>
  </body>
</html>
```

Advice

例題 8−11 の HTML
ファイルの赤の部分を
変更する.

● CSS ファイルの記述

```
h1 {color:red;text-align:center}
h1 {text-shadow: 3px 3px 5px black;}   文字に影をつける
p  {color:blue}
p  {font-size:12pt}
hr {background-color:red; height:1; width:100%}   水平線を入れる
body {background-color:lightblue;}   背景色を lightblue にする
```

Advice

例題 8−11 の CSS ファ
イルの赤の部分を変更
する.

Advice

〈hr〉タグはセクショ
ンの区切りを示すもの
と変わったが，多くの
ブラウザでは水平線が
引かれる.

●文字の影の設定　　　text-shadow プロパティを使うと，文字に影を
つけることができる.

---

text-shadow: 属性値1 属性値2 属性値3 カラーコード

属性値1：左右の移動距離をピクセル値（px）で表す．プラスのときは右
　　　　　に，マイナスのときは左に移動する.
属性値2：上下の移動距離をピクセル値（px）で表す．プラスのときは下
　　　　　に，マイナスのときは上に移動する.
属性値3：ぼかしの距離をピクセル値（px）で表す.
カラーコード：ぼかしの色を表す.
●水平線の引き方　　　水平線を引くには <hr> タグを用いる．CSS ファ
イルで属性を指定する.

---

hr{background-color:属性値 ; height:属性値 ; width:属性値 }

---

background-color の属性値：カラーコード

CHAPTER 8

インターネットの利用

1 8 1

height の属性値：ピクセル数

width の属性値：ピクセル数またはウィンドウサイズに対する割合（％）

●背景の色の設定　　ウェブページの背景色を設定するときは，CSS ファイルで **<body>** タグに **color** 属性を指定する.

```
body {background-color: 属性値 ;}
```

属性値：カラーコード

ピクセルは画素ともいい画像の大きさの最小単位である.

8・6　いろいろなウェブページの作成

ウェブページへの画像の貼り付け，ハイパーリンクの設定などいろいろなウェブページの作成について学ぶ.

1 画像の貼り付け

ウェブページに写真やクリップアートのイラストなどの画像を貼り付けることができる.

 例題 8-14　画像の貼り付け

例題 8-13 のウェブページに写真を貼り付けなさい.

インターネットの利用

CHAPTER 8

● HTML ファイルの記述

```
<html lang="ja">
  <link  rel="stylesheet"
         type="text/css"
         href="reidai8-14css.css">
  <body>
    <h1> 横浜文化大学 </h1>
    <div>
      <figure class="photo-center">
      <img src="daigaku.jpg"  width="200" height="100" >
      </figure>
    </div>
    <p> 所在地　神奈川県横浜市緑区長津田×－×－× <br>
    交　通　　東急田園都市線 & JR 横浜線長津田駅徒歩５分 </p>
    <hr>
    <p> 文 学 部　英米文学科　国文科　史学科 <br>
    法 学 部　法律学科　政治経済学科　国際関係学科 <br>
    経済学部　経済学科 </p>
  </body>
</html>
```

● CSS ファイルの記述

```
h1    {color:red; text-align:center}
h1    {text-shadow: 3px 3px 5px black;}
figure.photo-center {text-align:center}
p     {color:blue; font-size:12pt;}
hr    {background-color:red; height:1; width:100%}
body  {background-color:lightblue;}
```

> ◁ Advice
>
> 画像ファイル「daigaku
> .jpg」は HTML ファイ
> ルと同じフォルダに入
> れておく.

●画像の貼り付け　　　画像の貼り付けには，次の **<img>** タグを使う.

<img src=" *画像のファイル名* **" height="** *属性値* **" width="** *属性値* **">**

<img> タグは，画像を貼り付けるためのタグ．**src** 属性は画像ファイル
を，**height** 属性は画像の縦幅，**width** 属性は横幅を指定する．**height**
属性と **width** 属性はピクセル数またはウェブページサイズに対する％で
指定する.

[例] **<img src="daigaku.jpg" height="200" width="300">**
　　　daigaku というファイル名の写真を縦 200，横 300 ピクセルで貼り付ける
●画像の配置　　　ウェブページに表示される画像の位置を中央揃え・左揃
え・右揃えに指定することができる．まず HTML ファイルで次のように
クラス名に「photo-center」クラス属性を指定する.

```
<figure class="photo-center">
<img src=" 画像ファイル名 ">
</figure>
```

次に CSS ファイルで画像の位置を指定する.

```
figure.photo-center{text-align: 属性値 }
```

属性値は，文字の位置と同じである.

●範囲の指定　　**<div>** ～ **</div>** タグを使う.

```
<div> 内容 </div>
```

これは特別の意味を持たない範囲を指定するためのものである.

② 連絡先の設定

ウェブページの中に，連絡先として電子メールアドレスを記述することができる.

 例題 8-15　連絡先の設定

例題 8-9 のウェブページにお問い合わせ先として電子メールアドレスを設定しなさい.

> # ようこそゴルフ部へ
>
> ゴルフ部では、部員の募集をしています。
>
> 新入生のみなさん　お待ちしています。
>
> お問い合わせ先　英米文学科　若山まで

● HTML ファイルの記述

```
<html lang="ja">
  <title> ゴルフ部文書 </title>
  <body>
    <h1> ようこそゴルフ部へ </h1>
    <p> ゴルフ部では、部員の募集をしています。</p>
    <p> 新入生のみなさん　お待ちしています。</p>
    <address>
     お問い合わせ先
     <a href="mailto:yy-ww1234@example.com"> 英米文学科　若山まで </a>
    </address>
  </body>
</html>
```

● address 要素　　<address>～</address>で囲まれた部分は，問い合わせ先（連絡先）であることを示す.

```
<a href="mailto: 連絡先 "> テキスト </a>
```

　連絡先には，電子メールアドレスのほか住所や電話番号などが指定されることがある.

●ウェブページを開く　　ウェブページを開き，お問い合わせ先の「英米文学科　若山まで」をクリックすると，電子メールの送信画面となるので，ここで問い合わせの電子メールを送ることができる.

Advice

例題8-9のHTMLファイル（173ページ参照）に，184ページの赤の部分を追加する.

Advice

この電子メールアドレスは，実在のものではない.

③ ハイパーリンク

　複数のウェブページをリンクして，あるページから次のページに飛ばしたり，元のページに戻すことができる．また，外部のウェブページに飛ぶこともできる．これをハイパーリンクという.

●ウェブページの階層構造　　ウェブページのうち最初に表示されるページをホームページという．ウェブページは，ホームページをもとにして，次のようにして多数のページを階層的に構成している．各ウェブページを別々に作成し，ウェブページ間にリンクを張ることにより次々とウェブページを表示することができる.

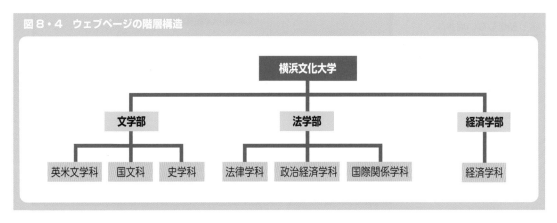

図8・4　ウェブページの階層構造

Advice

ウェブページには名前がつけられており、これを URL (Uniform Resouce Locator) という。

●ハイパーリンクの設定　　ハイパーリンクの設定には、リンク先のウェブページが同一サーバーにある場合に使用できる**相対リンク**と、直接 URL を指定する**絶対リンク**とがある。

例題 8-16　ハイパーリンクの設定

例題 8-14 のウェブページに、次のようなウェブページ間のハイパーリンクを設定しなさい。

(1) 「英米文学科」「国文科」「史学科」「法学部」「法律学科」「政治経済学科」「国際関係学科」「経済学部」「経済学科」のウェブページをダウンロードする。

(2) 「文学部」のウェブページを作成する。

(3) 「横浜文化大学」のウェブページにおいて「文学部」をクリックしたら「文学部」のウェブページを表示する。

(4) 「法学部」をクリックしたら「法学部」のウェブページを表示する。

(5) 「文学部」のウェブページにおいて「英米文学科」をクリックしたら、「英米文学科」のウェブページを表示する。

(6) 「英米文学科」のウェブページにおいて「文学部のページへ」をクリックしたら「文学部」のウェブページに戻る。

(7) 「トップページへ」をクリックしたら「横浜文化大学」のウェブページ」に戻る。

(8) その他のウェブページ間のハイパーリンクを確認する。

(9) 「東京電機大学出版局のホームページへ」をクリックすると、東京電機大学出版局のウェブページ (https://www.tdupress.jp/) を表示するようにリンクする。

(10) ファイル名は、「横浜文化大学.html」として保存する。CSS ファイルは「reidai8-16css.css」として保存する。

Advice

ファイル名はわかりやすさを重視して日本語にしたが、サーバーにより動作しない場合は英字に変える。

●相対リンクの指定　　「例題 8 − 14」のウェブページにハイパーリンク
指定を行う．テキストを次のように変更する．

◆変更前

Advice
<a>～</a>では href
属性でリンク先を指定
する．

```
<p> 文 学 部　英米文学科　国文科　史学科 <br>
法 学 部　法律学科　政治経済学科　国際関係学科 <br>
経済学部　経済学科 </p>
```

◆変更後　　赤字の部分を追加する．

```
<p><a href=" 文学部.html"> 文 学 部 </a>　英米文学科　国文科　史学科 <br>
<a href=" 法学部.html"> 法 学 部 </a>　法律学科　政治経済学科　国際関係学科 <br>
<a href=" 経済学部.html"> 経済学部 </a>　経済学科 </p><br><br>
```

ハイパーリンクの設定には，次のタグを使う．

```
<a href=" リンク先のファイル名 ">内容 </a>
```

Advice
各学部・学科のファイ
ルは，「横浜文化大
学 .html」と同じフォ
ルダに保存する．

内容に記述されたテキストをクリックすると，リンク先のファイル名の
ウェブページが表示される．

●リンク先のウェブページの作成　　「文学部」のウェブページを作成する．

文学部のウェブページ

```html
<html lang="ja">
  <link   rel="stylesheet"
          type="text/css"
          href="reidai8-16css2.css">
  <body>
    <h1> 文学部 </h1>
    <p>
      <br> 文学部には次の学科があります。 <br><br>
      <a href=" 英米文学科.html"> 英米文学科 </a><br>
      <a href=" 国文科.html"> 国文科 </a><br>
      <a href=" 史学科.html"> 史学科 </a><br><br>
    </p>
    <div>
      <a href=" 横浜文化大学.html"> トップページへ </a>
    </div>
  </body>
</html>
```

● CSS ファイルの記述　「文学部」の CSS ファイルを作成し,「reidai8-16css2.css」とする.

```
h1    {color:red; text-align:center}
h1    {text-shadow: 3px 3px 5px black;}
p     {color:blue; font-size:12pt;}
div   {text-align:center}
body  {background-color:lightblue;}
```

●絶対リンクの設定　他のコンピュータにあるウェブページにリンクする. この場合は, リンク先のファイル名として, URL を指定する.

「横浜文化大学」のウェブページのテキストに, 次の赤字の１行を追加する.

横浜文化大学のウェブページ (一部)

```
<a href=" 経済学部.html"> 経済学部 </a> 経済学科 </p><br><br>
<a href="http://www.tdupress.jp/"> 東京電機大学出版局のホームページへ </a>
</body>
```

この行を追加

? **演習問題**

1. 次のような「入部説明会のご案内」のウェブページを作成しなさい.

入部説明会のご案内

ゴルフ部では、入部説明会を行います。皆さんのご参加をお待ちしています。

日時　2022年5月13日(金)17時30分
会場　セミナールーム1

お申込み先　ゴルフ部長　大谷まで

---

2. 次のような「東海の名城めぐり」のウェブページを作成しなさい.
   写真は用意されているファイルを使用しなさい.

東海の名城めぐり

東海地方は、戦国時代に織田信長、豊臣秀吉、徳川家康などが天下制覇を狙って競った地域である。
そのために多くの城が築かれた。江戸時代になると、幕府の１国１城令により大半が廃城となった。
東海地方では、名古屋城、浜松城、大垣城、岡崎城、犬山城、岐阜城などが明治まで残った。
明治以降は、明治政府の廃城令や戦災によりほとんどが失われ、わずか犬山城だけが残った。
戦後の城ブームもあり、多くの城が復元された。このうち、名古屋城、犬山城、岐阜城をご紹介しよう。

名古屋城
犬山城
岐阜城

名古屋城

那古屋城は、織田信長が生まれた城であったが、信長が清洲城に移ると廃城となった。
1609年に、徳川家康が、名古屋城と改めて、九男義直の尾張藩の居城として築いた。
この城の築城に当たっては、加藤清正をはじめ西国諸藩の大名ほ動員された。
1945年に空襲により焼失したが、1959年に再建された。
梯郭式平城で、本丸は5層5階地下1階の天守閣のほか、小天守、未甲隅櫓、辰巳隅櫓などからなる。
姫路城、熊本城ともに日本３名城に数えられ、金の鯱が有名である。

東海の名城めぐりへ

犬山城

木曽川沿いの高さ88mの高台に築かれた平山城で、白帝城ともよばれる。
1537年に織田信長の叔父、信康が砦を改修して城とした。
たびたび城主が変わったが、1617年に尾張藩の付家老成瀬正成が城主となった。
その後は、成瀬氏の居城として明治まで続いた。
天守は、外観３重、内部は４階、地下の踊り場を含む２階となっている。
天守は姫路城、松本城、彦根城と共に国宝に指定されている。

東海の名城めぐりへ

岐阜城

1201年に二階堂行政が、稲葉山に築いた山城である。
1533年に齋藤道三が守護土岐氏を追放して美濃１国を奪い、城主となった。
1567年織田信長が攻め滅ぼし、稲葉山城を岐阜城と改め天下布武を宣言した。
1601年に廃城となったが、1910年に復興天守が再建されたが、1943年焼失した。
1956年に鉄筋コンクリート建築３層４階建てで再建された。
難攻不落の名城とされているが、城地が狭く水便が悪いため７度も落城している。

東海の名城めぐりへ

3. あなたの自己紹介をするウェブページを作成しなさい.

4. あなたの学校を紹介するウェブページを作成しなさい.

索 引

【著者紹介】

若山芳三郎（わかやま・よしさぶろう）

学　歴　日本大学工学部電気工学科卒業（1957）
職　歴　東京都総合技術教育センター（現 東京都教職員研修センター）
　　　　（社）全国工業高等学校長協会
　　　　大妻女子大学短期大学部非常勤講師

学生のための情報リテラシー　Office 2021・Microsoft 365 対応

2022 年 10 月 10 日　第 1 版 1 刷発行　　　　　ISBN 978-4-501-55780-5 C3004

著　者　若山芳三郎
　　　　©Wakayama Yoshisaburou 2022

発行所　学校法人 東京電機大学　　　　〒 120-8551　東京都足立区千住旭町 5 番
　　　　東京電機大学出版局　　　　　　Tel. 03-5284-5386（営業）　03-5284-5385（編集）
　　　　　　　　　　　　　　　　　　　Fax. 03-5284-5387　振替口座 00160-5-71715
　　　　　　　　　　　　　　　　　　　https://www.tdupress.jp/

編集協力・組版：(株)トップスタジオ　　印刷：(株)ルナテック　　製本：誠製本(株)
装丁：トップスタジオデザイン室（轟木亜紀子）　　キャラクターデザイン：いちはらまなみ
落丁・乱丁本はお取り替えいたします。　　　　　　　　　　　　　　Printed in Japan

東京電機大学出版局　出版物ご案内

フレッシュマンセミナーテキスト 第2版
大学新入生のための学び方ワークブック

初年次教育テキスト編集委員会 編
B5判 184頁

心構え，生活態度，学び方，レポートの書き方など，有意義な大学生活を送るために必要な基礎知識をまとめた。見開き2頁解説，切り取り式ワーク課題付。

理工系大学でどう学ぶ？
〈つなげてつくる〉工学への招待

広石英記 編著　A5判 168頁

理工系学生が大学どのように学ぶか，学ぶにあたって必要な事項は何かをまとめたテキスト。今までとこれからの学びを「つなげて」考える一冊。

大学院活用術
理工系修士で飛躍するための60のアドバイス

面谷 信 著　A5判 154頁

理工系の大学生に向けた，大学院への進学を誘う啓蒙書。進学する意義やメリット，身につけられること，有意義な過ごし方などを，具体的にアドバイス。

工学倫理
実例で学ぶ技術者の行動規範

河村尚登 著　A5判 256頁

技術者として身につけておくべき使命・責任・倫理観を学ぶための教科書。企業活動・情報社会・環境保護・生命などにおける倫理をまとめた。

世界を変えた60人の偉人たち
新しい時代を拓いたテクノロジー

東京電機大学 編　A5判 152頁

社会を大きく変えたテクノロジーの歩みとその影響，開発者の思いやメッセージを，それぞれの背景や本人の言葉，エピソードを交え，イラスト入りで紹介。

サイエンス探究シリーズ
偉人たちの挑戦 1
数学・天文学・地学編

東京電機大学 編　A5判 258頁

科学で偉大な発見・発明をした偉人の業績と生涯を，平易な語りと多数のイラストで紹介するシリーズ。パスカルなど数学・天文学・地学分野の17人を紹介。

サイエンス探究シリーズ
偉人たちの挑戦 2
物理学編 I

東京電機大学 編　A5判 256頁

科学で偉大な発見・発明をした偉人の業績と生涯を，平易な語りと多数のイラストで紹介するシリーズ。ニュートンなど物理学分野の17人を紹介。

サイエンス探究シリーズ
偉人たちの挑戦 3
物理学編 II

東京電機大学 編　A5判 268頁

科学で偉大な発見・発明をした偉人の業績と生涯を，平易な語りと多数のイラストで紹介するシリーズ。湯川秀樹など物理学分野の18人を紹介。

＊定価，図書目録のお問い合わせ・ご要望は出版局までお願いいたします。
https://www.tdupress.jp/

AA-005

「学生のための」シリーズ

学生のための
Excel VBA　第2版

若山芳三郎 著　　B5判・144頁

Excel VBA で Excel を活用する
ための入門書。日常のデータ処理
で必要度の高い項目を精選して収
録。マクロから基本的なプログラミ
ングまで例題演習形式で解説。

学生のための
基礎C

若山芳三郎 著　　B5判・128頁

C言語を初歩から学べ、プログラ
ムを打ち込みながら学習を進めて
いくと自然とC言語の知識が習得
できる演習型のテキスト。初めて
C言語を学ぶ人向け。

学生のための
基礎Java

照井博志 著　　B5判・144頁

OS の環境を選ばずに使える Java
について、プログラムの基礎を中
心として解説。課題を解きながら
文法を学ぶ「課題学習型」でプ
ログラミングの基礎が身につく。

学生のための
詳解Visual Basic

山本昌弘・重定如彦 著
　　　　　　　　B5判・240頁

Visual Basicを基礎から学べる課
題提示型演習書。プログラミング作
成の考え方を示して、基礎から応用
まで必須文法を丁寧に解説。章末
問題やTipsも豊富。VB 2008対応。

学生のための
情報リテラシー
Office 2016／Windows 10版

若山芳三郎 著　　B5判・196頁

パソコンの操作から、表計算・プ
レゼン資料作成、データベース、
ウェブ活用、HTML まで重要な
項目を精選。実践的な例題と豊富
な演習問題で実力がつく。

学生のための
詳解C

中村隆一 著　　B5判・200頁

C言語を基礎から学ぶ課題提示
型演習書。C言語の必須文法を
流れ図や考え方を示し丁寧に解
説。例題にそって問題をこなせ
ば確実に実力のつくテキスト。

学生のための
JavaScript

重定如彦 著　　B5判 344頁

占いや数当て、マインスイーパ
ー、落ちものパズルなどの身近
なゲーム作成を通して楽しみな
がらJavaScriptを学ぶ。ウェブ教
材による詳細な解説も提供。

学生のための
Python

本郷健・松田晃一 著
　　　　　　　　B5判・196頁

シンプルで可読性に優れる Python
言語を学ぶ課題演習書。基礎編
では簡単な命令で動作を解説。
実践編でタートルグラフィクスを使
いプログラミングの理解を深める。

＊定価，図書目録のお問い合わせ・ご要望は出版局までお願いいたします。

https://www.tdupress.jp/

SR-509

文字の入力

●**文字キーの使い方**　文字キーを押したときに入力される文字は，入力モード，Shift キーの有無によって異なる．文字キーに印字された各文字を入力する組み合わせは次のとおり．

文字キー	入力モード	Shift キー	入力される文字
♯ あ 3 あ	ローマ字入力・IMEがオフのとき	なし	3
		あり	♯
	かな入力のとき（Alt キー ＋ カタカナひらがな キーでロック）	なし	あ
		あり	ぁ

●**英数字入力**

文字の種類	入力文字	変　換　方　法
ひらがな	さくら	① 「sakura」と入力　② 「さくら」と表示　③ Enter キー
全角カタカナ	テニス	① 「tenisu」と入力　② 「てにす」と表示　③ F7 キー　④ Enter キー
半角カタカナ	ﾎﾞｰﾙ	① 「bo-ru」と入力　② 「ぼーる」と表示　③ F8 キー　④ Enter キー
全角英字	ＴＯＫＹＯ	① 「tokyo」と入力　② 「ときょ」と表示　③ F9 キーを2回押す　④ Enter キー
半角英字	KYOTO	① 「kyoto」と入力　② 「きょと」と表示　③ F10 キーを2回押す　④ Enter キー
全角数字	１２３４	① 「1234」と入力　② 「1234」と表示　③ F7 キー　④ Enter キー
半角数字	5678	① 「5678」と入力　② 「5678」と表示　③ Enter キー

●**タッチ操作**

タップ	画面の項目をタップするとその項目が開く．マウスのクリックに相当．
ダブルタップ	画面の項目を連続してタップする．マウスのダブルクリックに相当．
フリック	画面を指で払う．フリックした方向に画面が移動する．
ピンチイン	2本の指を互いに近づける．画面が縮小表示となる．
ピンチアウト	2本の指を互いに遠ざける．画面が拡大表示となる．
スライド	項目をタッチしてドラッグする．マウスのドラッグに相当．
スワイプ	画面の右端からスライドする．チャームバーが開く．
長押し	長押しする．マウスの右クリックに相当する．